基于新农科建设的
高校劳动教育创新研究

孔华 著

西南交通大学出版社
·成都·

图书在版编目（CIP）数据

基于新农科建设的高校劳动教育创新研究 / 孔华著. —成都：西南交通大学出版社，2022.9
ISBN 978-7-5643-8838-6

Ⅰ.①基… Ⅱ.①孔… Ⅲ.①高等学校 - 劳动教育 - 研究 - 中国 Ⅳ.①G40-015

中国版本图书馆 CIP 数据核字（2022）第 144518 号

Jiyu Xinnongke Jianshe de Gaoxiao Laodong Jiaoyu Chuangxin Yanjiu
基于新农科建设的高校劳动教育创新研究
孔 华 著

责 任 编 辑	何宝华
封 面 设 计	原谋书装
出 版 发 行	西南交通大学出版社
	（四川省成都市金牛区二环路北一段 111 号
	西南交通大学创新大厦 21 楼）
发行部电话	028-87600564　028-87600533
邮 政 编 码	610031
网　　　　址	http://www.xnjdcbs.com
印　　　刷	成都蜀雅印务有限公司
成 品 尺 寸	170 mm × 230 mm
印　　　张	11.25
字　　　数	202 千
版　　　次	2022 年 9 月第 1 版
印　　　次	2022 年 9 月第 1 次
书　　　号	ISBN 978-7-5643-8838-6
定　　　价	58.00 元

图书如有印装质量问题　本社负责退换
版权所有　盗版必究　举报电话：028-87600562

前言：全面加强劳动教育，培养"一懂两爱"新农科人才，落实立德树人根本任务

2018年9月10日，习近平总书记在全国教育大会上的重要讲话提出了培养德智体美劳全面发展的社会主义建设者和接班人的总要求。这一提法将劳动教育提升到和德育、智育、体育和美育同等重要的位置，成为国民教育体系的重要内容。也为学校结合实际，科学构建劳动教育体系提供了方针和指引。2019年，国家启动新农科建设"三部曲"："安吉共识""北大仓行动"和"北京指南"。"安吉共识"从宏观层面提出了要面向新农业、新乡村、新农民、新生态发展新农科的"四个面向"新理念，"北大仓行动"从中观层面推出了深化高等农林教育改革的"八大行动"新举措，"北京指南"将从微观层面实施新农科研究与改革实践的"百校千项"新项目。[①]新农科建设"三部曲"明确了我国开展新农科建设的指导思想、目标任务和实施方案，为农林高校开展新农科教学改革与实践作出顶层设计。

---

① 新农科建设推出"北京指南"[J].中国农业教育，2019，20(06)：104-106.

2020年3月,中共中央、国务院发布《关于全面加强新时代大中小学劳动教育的意见》,要求"设置劳动教育课程。整体优化学校课程设置,将劳动教育纳入中小学国家课程方案和职业院校、普通高等学校人才培养方案,形成具有综合性、实践性、开放性、针对性的劳动教育课程体系"[①]。教育部《大中小学劳动教育指导纲要(试行)》指出,高校劳动教育的重点是"强化马克思主义劳动观教育,注重围绕创新创业,结合学科专业开展生产劳动和服务性劳动,积累职业经验,培育创造性劳动能力和诚实守信的合法劳动意识"[②]。2020年,广东海洋大学水产学院申报的"基于全产业链的水产养殖'三型'人才培养模式创新与实践"获教育部批准立项。有鉴于此,笔者根据所在单位开展新农科建设过程中的劳动教育创新实践,形成了《基于新农科建设的高校劳动教育创新研究》这本著作。

本书共包括五个章节,分别为新时代农科专业开展劳动教育的重要意义、新时代农科专业劳动教育的内容、新时代农科专业劳动教育的基本原则、新时代农科专业加强劳动教育的价值与功能、基于新农科建设的高校劳动教育创新实践。第一章主要从坚持和发展马克思主义劳动观、完善德智体美劳教育体系,培育和践行社会主义核心价值观,全面加强大学生思想政治教育,构建三全育人格局和强农兴农,培养"一懂两爱"新

---

① 中共中央国务院关于全面加强新时代大中小学劳动教育的意见[N].人民日报.2020-03-27(1).
② 教育部关于印发《大中小学劳动教育指导纲要(试行)》的通知[J].中华人民共和国教育部公报,2020(Z2):2-11.

农科人才队伍的五个方面全面阐述了新时代农科专业开展劳动教育的意义。第二章从劳动教育的概念、劳动价值观、劳动情感与态度、劳动品德和劳动知识与技能五个方面对新时代农科专业劳动教育的内容进行了全面论述。第三章对新时代农科专业开展劳动教育的思想性原则、协同性原则、时代性原则、系统性原则和创新性原则进行了探讨。第四章着重探讨了新时代农科专业开展劳动教育的理论价值、现实价值、历史价值和实践功能。第五章则从实践教育探讨了笔者所在高校围绕新农科教育和劳动教育开展的实践创新，分别讨论了保障体系搭建、实践体系构建以及劳动教育与思想政治教育、职业生涯教育、创新创业教育、志愿服务、校园文化建设、实践育人、专业教育、产业学院、网络空间、课程思政的融合等方面的建设实践。

  本书在编写过程中，查阅了大量研究成果，也得到各级领导、老师的大力支持，在此谨向他们表示诚挚的感谢，同时，国家级一流本科专业建设点（海洋渔业科学与技术）（教高厅函〔2021〕7号）、国家一流本科专业建设点（水产养殖学）（教高厅函〔2021〕7号）和"基于全产业链的水产养殖'三型'人才培养模式创新与实践"项目为本书的出版提供了资金支持，在此表示感谢。

作者

2022年3月

目 录

第一章 新时代农科专业开展劳动教育的重要意义

一、坚持和发展马克思主义劳动观的客观需要 …………… 002
二、坚持立德树人，完善德智体美劳教育体系的必由之路 … 002
三、培育和践行社会主义核心价值观的必要环节 ………… 003
四、全面加强大学生思想政治教育，构建三全育人格局
    的应有之义 ……………………………………………… 004
五、强农兴农，培养"一懂两爱"新农科人才队伍的
    重要举措 ………………………………………………… 005

第二章 新时代农科专业劳动教育的内容

一、劳动和劳动教育 …………………………………………… 006
二、劳动价值观 ………………………………………………… 012
三、劳动情感与态度 …………………………………………… 018
四、劳动品德 …………………………………………………… 027
五、劳动知识与技能 …………………………………………… 029

第三章 新时代农科专业劳动教育的基本原则

一、思想性原则 ………………………………………………… 040
二、协同性原则 ………………………………………………… 042
三、时代性原则 ………………………………………………… 043
四、系统性原则 ………………………………………………… 045

五、创新性原则 …………………………………………… 047

第四章 新时代农科专业加强劳动教育的价值与功能

一、劳动教育的理论价值 …………………………………… 049
二、劳动教育的现实价值 …………………………………… 050
三、劳动教育的实践功能 …………………………………… 054

第五章 基于新农科建设的高校劳动教育创新实践

一、基于新农科建设的高校劳动教育保障体系搭建 ……… 061
二、基于新农科建设的高校劳动教育实践体系构建 ……… 072
三、基于新农科建设的高校劳动教育与思想政治教育
　　的融合 …………………………………………………… 079
四、基于新农科建设的高校劳动教育与职业生涯教育
　　及就业教育的融合 ……………………………………… 086
五、基于新农科建设的高校劳动教育与创新创业教育
　　的融合 …………………………………………………… 096
六、基于新农科建设的高校劳动教育与志愿服务的融合 …… 106
七、基于新农科建设的高校劳动教育与校园文化建设的
　　融合 ……………………………………………………… 117
八、基于新农科建设的高校劳动教育与
　　实践育人体系的融合 …………………………………… 128
九、基于新农科建设的高校劳动教育与专业教育的融合 …… 132
十、基于新农科建设的高校劳动教育与产教融合相结合 …… 141
十一、基于新农科建设的高校劳动教育与网络空间的融合 …… 149
十二、基于新农科建设的高校劳动教育与课程思政的融合 …… 158

参考文献 ……………………………………………………… 169
后记 …………………………………………………………… 170

第一章
新时代农科专业开展劳动教育的重要意义

习近平总书记在全国教育大会上指出:"培养德智体美劳全面发展的社会主义建设者和接班人,要在学生中弘扬劳动精神,教育引导学生崇尚劳动、尊重劳动,懂得劳动最光荣、劳动最崇高、劳动最伟大、劳动最美丽的道理,长大后能够辛勤劳动、诚实劳动、创造性劳动。"①农科专业是我国办学历史最悠久的专业,农科专业一方面继承了我国传统农业发展的理念与技术,另一方面积极向西方学习,在继承与学习中逐渐形成了现代农科专业发展布局。农业是国家第一产业,是国民经济体系的基础,只有农业、农村、农民现代化,才能真正实现国家现代化。为进一步发挥农科专业在国家现代化过程中的积极作用,2019年,国家启动新农科建设"三部曲":"安吉共识""北大仓行动"和"北京指南"。"安吉共识"从宏观层面提出了要面向新农业、新乡村、新农民、新生态发展新农科的"四个面向"新理念,"北大仓行动"从中观层面推出了深化高等农林教育改革的"八大行动"新举措,"北京指南"将从微观层面实施新农科研究与改革实践的"百校千项"新项目。新农科"三部曲"层层递进、环环相扣,共同构成了新农科建设体系——"安吉共识"吹响了"集结号","北大仓行动"打好了"基础桩","北京指南"将推动新农科建设从"试验田"走向"大田耕作"。②

农科专业是实践性极强的专业类别,需要学生花费大量的体力劳动。基于此,在新农科建设背景下全面加强劳动教育就具有了新的意义。

---

① 张烁.习近平在全国教育大会上强调:坚持中国特色社会主义教育发展道路,培养德智体美劳全面发展的社会主义建设者和接班人[N].人民日报,2018-09-11(1).

② 新农科建设推出"北京指南"[J].中国农业教育,2019,20(6):104-106.

一、坚持和发展马克思主义劳动观的客观需要

马克思认为,劳动创造人、劳动创造历史、劳动创造财富、劳动能够解放人类思想,人类只有通过劳动才能够满足自由而又全面发展的需要。①教育与生产劳动相结合是社会主义教育的根本原则,劳动教育包括的劳动价值教育和劳动教育内容,是马克思主义的重要组成部分。在教育情境中,劳动价值主要包含"劳动的价值"和"劳动对教育的价值"两个维度。前者指向劳动对于人类生活的有用性及劳动的社会意义,后者则是指劳动对于促进人的全面发展的教育意义。②劳动教育的根本任务就是要把劳动的思想渗透到学生的学习、生活和实践中去,让学生在知识学习和理论实践中了解社会主义发展历程、明白社会主义初级阶段的长期性和实现共产主义的必然性。党的十九大报告对劳动和劳动者作出了一系列重要论述,是高校开展劳动教育的重要依据。在全体学生中弘扬实干兴邦的劳动实践观,培育"崇尚劳动的劳动价值观",热爱劳动的劳动教育观,使大学生能够诚实劳动、辛勤劳动和创造性劳动,是高校旗帜鲜明地坚持和发展马克思主义、坚持社会主义办学方向的题中之义。

二、坚持立德树人,完善德智体美劳教育体系的必由之路

全国教育大会指出,高校要把立德树人作为根本任务,要肩负起为"人民服务、为中国共产党治国理政服务、为巩固和发展中国特色社会主义制度服务、为改革开放和社会主义现代化建设服务"③的神圣使命,牢记为党育人、为国育才是高校重要的办学使命,引导学生树立正确的世界观、人生观和价值观,扣好人生的第一粒扣子。劳动教育是高校教育体系的重要内容,具有树德、增智、健体、育美的功能,全面推进劳动

---

① 严冬.浅析马克思的劳动思想融入新时代劳动教育的意涵[J].人民论坛·学术前沿,2021,(23):138-140.
② 檀传宝.劳动教育的概念理解——如何认识劳动教育概念的基本内涵与基本特征[J].中国教育学刊,2019(2):82-84.
③ 张烁.习近平在全国教育大会上强调:坚持中国特色社会主义教育发展道路,培养德智体美劳全面发展的社会主义建设者和接班人[N].人民日报,2018-09-11(1).

教育，能够充分发挥劳动教育的育人功能，实现劳动教育与德育、智育、体育、美育同向同行，共画育人同心圆。

高校劳动教育包括劳动品德教育、劳动伦理教育、劳动关系教育、劳动价值观教育、劳动技能和劳动科学知识教育等内容，其中劳动品德教育、劳动伦理教育、劳动价值观教育属于高校德育工作的重要范畴，劳动科学知识和劳动技能属于高校智育的范畴。新时代高校全面加强劳动教育，面向学生开展"劳动最光荣、劳动最崇高、劳动最伟大、劳动最美丽"[1]的劳动观教育，引导学生积极参加劳动实践，在改造客观世界的过程中积极改造主观世界，进一步坚定理想信念、练就过硬本领，成长为有理想、有担当、有本领的新时代高素质劳动者。

劳动是体力劳动和脑力劳动的双重付出，手脑并用、出力流汗是劳动的重要形式，在此过程中，学生不仅锻炼了脑力，也增强了体力。与此同时，劳动过程中与劳动者结下的深厚感情以及对于劳动成果的珍惜与保护则有利于丰富学生审美情趣，树立"劳动最光荣、劳动最崇高、劳动最伟大、劳动最美丽"的信念。可以说，劳动教育为德育、智育、体育、美育的发展提供有力支撑，反过来，德育、智育、体育、美育则为劳动教育提供了新的实践场域。劳动教育就像一根无形的线，将德育、智育、体育、美育串联在一起，构成高校德智体美劳五育并举的教育体系。

三、培育和践行社会主义核心价值观的必要环节

党的十八大报告明确提出"倡导富强、民主、文明、和谐，倡导自由、平等、公正、法治，倡导爱国、敬业、诚信、友善，积极培育和践行社会主义核心价值观"[2]。核心价值观，承载着一个民族、一个国家的精神追求，体现着一个社会评判是非曲直的价值标准。[3]社会主义核心价

---

[1] 习近平.习近平给中国劳动关系学院劳模本科班学员的回信[J].人民政坛，2018（5）：1.

[2] 坚定不移沿着中国特色社会主义道路前进 为全面建成小康社会而奋斗[N].人民日报，2012-11-09（2）.

[3] 习近平.青年要自觉践行社会主义核心价值观[N].人民日报，2014-05-05（2）.

值观是社会主义思想文化、意识形态、道德规范的综合体，是对社会主义国家精神、社会理念和公民道德的抽象概括。社会主义核心价值观培育的是一个由内在信念转化为现实行为的过程，这一过程离不开理论认知的推动。[①]劳动教育着重于引导学生树立马克思主义劳动观，劳动观是价值观在劳动领域的表现，引导学生树立马克思主义劳动观，深刻理解劳动创造人、劳动创造人类社会、劳动推动人类历史进步的伟大意义，热爱劳动、辛勤劳动、诚实劳动、创造性劳动，坚信劳动托举中国梦的信念，自觉将个人梦融入中国梦的伟大实践中。可以说，劳动的过程就是主观世界与客观世界共同改造的过程，高校加强劳动教育也是引导学生培育和践行社会主义核心价值观的重要过程。

四、全面加强大学生思想政治教育，构建三全育人格局的应有之义

高校加强劳动教育的过程也是高校全面加强学生思想政治教育，构建全员参与、全过程管理、全方位教育的思想政治教育格局的重要体现。劳动教育兼具理论教育与实践养成，可以引导学生在改造客观世界的过程中改造主观世界，坚定信念，树立远大理想，这与大学生思想政治教育的目标具有高度契合性。劳动教育过程中学生既需要付出辛勤劳动实现学习目标，又需要积极参加课外实践完成课程实践环节，在实践环节中挥洒汗水，磨炼意志，淬炼品格，成长为有担当、有能力的新时代优秀青年。高校劳动教育教学目标和育人价值的实现既需要学校教师、学生、教学资源的联动，也需要政府、社会、行业、企业、家庭等各个组织发挥重要支持作用，这与要求全员参与育人的大学生思想政治教育在参与主体上高度重合。劳动教育教学效果的评估监测需要教学、管理、服务等部门开展综合评价，实现教育全过程的管理。而劳动教育过程中既有理论教学，也有实践强化，涵盖学生全方位成长全过程。

---

① 冯留建.社会主义核心价值观培育的路径探析[J].北京师范大学学报（社会科学版），2013（2）：13-18.

五、强农兴农，培养"一懂两爱"新农科人才队伍的重要举措

习近平总书记曾指出："人世间的美好梦想，只有通过诚实劳动才能实现，发展中的各种难题，只有通过诚实劳动才能破解，生命里的一切辉煌，只有通过诚实劳动才能铸就。"[1]社会主义是干出来的，新时代进行伟大斗争、建设伟大工程、推进伟大事业、实现伟大梦想，必须要靠大量的劳动。全面建成小康社会，实现富强、民主、文明、和谐、美丽的社会主义现代化强国也需要大量的劳动。中国梦要通过一代又一代中国劳动者的辛勤劳动、诚实劳动和创造性劳动来实现。

新农科建设"三部曲"是国家回应新科技革命和产业深刻变革的时代要求、推进国家治理体系和治理能力现代化及实现新时代"伟大斗争"和中华民族伟大复兴中国梦的征程中提出的农林教育"顶层设计"，标志着中国农林教育进入新的发展阶段。新农科建设旨在培养"懂农业、爱农村、爱农民"的现代农科人才，在推进新农科建设过程中加强劳动教育，可以发挥劳动教育树德、增智、健体、育美的良好育人价值。劳动教育既能够引导学生积极学习文化知识，完善知识结构，构筑理论根基，又能够淬炼学生专业技能、培育良好劳动品格，引导大学生正确处理个人兴趣与社会需求、专业发展与行业进步、个人价值与社会价值、个人梦与中国梦的关系，把个人融入民族复兴、国家富强的宏伟大业中，建构个人与民族、个人与国家的命运共同体和发展共同体，既用实际行动推进行业、产业发展，又与无数的个人共同汇聚推动民族进步、国家复兴的巨轮，在一代又一代的接力奋斗中实现中华民族伟大复兴中国梦。可以说，劳动教育是培养知识结构完整、人格结构健全、能力结构精湛的高素质劳动队伍的重要渠道，这也是新时代高校加强劳动教育的现实意义。具体到农林院校的劳动教育，则应聚焦新农科和新农科人才发展，培养适应农业产业变革、农业技术进步、农村振兴的新农科人才，主动融合日常工作与理想事业，助力国家农业、农村、农民现代化，进而推动整个国家的现代化进程。

---

[1] 习近平.在同全国劳动模范代表座谈时的讲话[N].人民日报，2013-04-29（2）.

第二章
新时代农科专业劳动教育的内容

一、劳动和劳动教育

（一）劳动

1. 劳动的概念

关于劳动的概念有很多，不同的学者从不同的角度给予劳动不同的概念：

《现代汉语词典》将劳动定义为人类创造物质财富和精神财富的活动。

马克思认为，劳动是物质生产活动，是"人和自然之间的物质变换过程"，是一种自由的自觉活动，是现实的人改造客观世界的活动，劳动过程是人发挥主观能动性的过程。马克思从唯物论、政治经济学的角度揭示了劳动的内涵。从唯物论的角度看，劳动是现实的人能动地改造物质，实现人和自然之间物质交换的物质性活动。从政治经济学的角度看，劳动是一个过程，劳动者是劳动的主体，创造性是劳动的本质特性，劳动是积极的、创造性的活动。[1]劳动的结果用于交换，就形成了商品，劳动创造商品的价值。

李申俊认为："劳动就是人们耗费一定的劳动力进行的创造物质财富和精神财富的活动，是人类生存和发展的最基本的条件。"[2]李申俊认为，劳动是人类与动物性本能活动区别的重要领域，这种区别主要表现在劳动是人类有意识有目的的活动。陈俊宏认为："劳动是人们在一定的社会关系下，制造和使用工具来改造自然物，使其适合自己需要的有目的的

---

[1] 马克思,恩格斯.马克思恩格斯全集:第46卷:下[M].北京:人民出版社,1980:116.
[2] 李申俊.劳动的定义应该是什么？[J].国内哲学动态,1981(10).

活动。"这一定义强调了劳动的社会性。李太淼认为:"劳动是人类通过改变外在于劳动主体的客观条件以满足人类生存、发展、享受等多层次消费需要的有目的的体力和脑力活动。"①这一定义将明确了劳动包括体力劳动和脑力劳动,劳动是人类满足个体需要的活动。

通过对劳动概念的梳理,我们可以发现,劳动包括劳动主体、劳动客体、劳动载体和劳动目的。在新农科建设背景下,高校劳动教育中的劳动指的是人类一切的体力劳动和脑力劳动,是个体全部实践活动的总和。

劳动有狭义和广义之分,狭义的劳动指的是体力劳动,广义的劳动则包括体力劳动和脑力劳动的总和。在传统的文化思维中,"劳心者治人,劳力者治于人""万般皆下品,唯有读书高"的观念根深蒂固,脑力劳动高于体力劳动的观念深入人心,面对高考的激烈竞争,很多学生几乎不参与体力劳动,这造成部分学生不会劳动、不愿劳动。

2. 劳动的本质

在对劳动概念的梳理过程中可以发现劳动的本质属性,即劳动是人类特有的实践活动,是社会性活动。

(1)劳动是有目的的人类活动。

劳动是人类有意识的改造自然资料以满足个人需求的活动,这也是人类劳动区别于动物本能性活动的本质所在。当人们在生产生活资料的时候也在间接地生产着自己的物质生活本身。纵观人类的发展历史,其实就是一部改造自然、利用自然的历史。人类为实现自由全面的发展,能动地开展技术革命与创新,不断推动着人类社会的变迁与发展,实现了物质生活的丰富,极大满足了人类生存发展的需求。

劳动的这种目的性是劳动能够实现育人价值的前提特质。高校学生进入大学后,开始为未来进入社会做最后的冲刺和准备,这种对知识结构的完善、对能力素养的提升、对社会认知的整合也是一种劳动,在这种以职业目标和未来社会公民角色为指引的劳动创造中,要以学生成长需求和国家发展为导向,通过有意识地设计系列活动,有意引导学生积极参加。大学生通过参与学校组织开展的劳动活动,在活动中充分发挥

---

① 李太淼.刍论劳动范畴[J].江汉论坛,2003(1):41-45.

个人的主观能动性，解决问题、排除困难，达成个人能力发展与素养提升的效果，进而树立马克思主义劳动观，坚定做社会主义建设者和接班人的使命感和价值感，是劳动教育的终极价值所在。

（2）劳动是劳动主体借助劳动工具改造劳动客体，以实现劳动目标的实践活动。

从劳动的构成要素看，劳动包括劳动主体、劳动客体、劳动工具和劳动目标，四者共同构成了完整的劳动行为。

马克思认为："劳动是人之为人的内在本质规定性，是人区别于动物的内在本质属性。"劳动是人类生活的最基本条件，从某种意义上说，劳动创造了人本身。劳动是现实的个人利用一定的劳动力改造物质生产资料的实践活动，人们在改造物质资料的过程中，需要与其他人建立协作关系，结合形成劳动关系，这种劳动关系的维系形成了道德、法律、制度、规则，促成了人类文明社会的发展与进步。所以说，基于劳动形成的劳动关系推动了人类社会的进步与发展，所有的劳动都是在一定的劳动关系下进行的，孤立于劳动关系之外的劳动是不存在的。

3. 劳动的类别

劳动目标的实现需要劳动者花费一定的体力和脑力，根据体力和脑力付出的比例多少，可以将劳动划分为不同的类别，如简单劳动和复杂劳动、体力劳动和脑力劳动、一般劳动和创新劳动、必要劳动和剩余劳动、具体劳动和抽象劳动等类别。

（1）简单劳动和复杂劳动。

简单劳动指的是不需要经过系统训练，一般劳动者都可以从事的劳动。复杂劳动指的是需要经过系统训练和培养，具有一定文化水平的劳动者才能从事的劳动。简单劳动和复杂劳动是区分劳动价值的重要依据，通常情况下，单位时间内，复杂劳动创造的价值高于简单劳动。

（2）体力劳动和脑力劳动。

体力劳动是劳动者需要花费大量体能消耗完成的劳动。脑力劳动指的是劳动者需要付出大量思考、记忆、谋划才能完成的劳动。体力劳动是人类社会劳动的基本形式，特别是在社会生产力没有高度发达的工业社会前，体力劳动是推动社会进步的主要劳动形式。伴随着科学技术的极大进步，人类在很大程度上从体力劳动中解脱出来，脑力劳动在社会中的比重逐渐上升，但也不能完全替代体力劳动。人类所有的劳动都是一定量的体力劳动和脑力劳动的融合，伴随着社会进步，未来社会中体力劳动和脑力劳动必将是有机融合状态。

（3）一般劳动和创新劳动。

一般劳动指的是劳动者利用已获得知识、技能和经验就能够完成的劳动。创新劳动是劳动者依靠新方法、新技术和新手段，以创新方式完成的劳动。一般劳动是一定社会生产条件下劳动的正常状态，是社会劳动的常态。一般劳动既可以是简单劳动，也可以是技术成熟的复杂劳动，代表社会生产力水平。创新劳动是在原有劳动的基础上，通过整合技术元素、变革生产方式、创新生产工具等形式完成的，创新劳动是小规模的劳动形式，能有效提高劳动效率，对于未来劳动形式变革具有引领作用。

（4）必要劳动和剩余劳动。

必要劳动和剩余劳动是马克思政治经济学的核心概念，必要劳动指的是劳动者维持和再生产劳动力所必需的劳动，简单地说就是劳动者维持自身和家庭生活所必须付出的那一部分劳动。剩余劳动就是劳动者超过劳动者维持自身和家庭生活所必须付出的那一部分劳动，剩余劳动产生剩余价值。

（5）具体劳动和抽象劳动。

具体劳动指的是在具体情境下完成的劳动，如建筑工人建造房子、厨师制作食物等，这些都是具体的、可以看到的劳动。抽象劳动是摒除了具体劳动形式和劳动内容的人类无差别的劳动。具体劳动主要反映的是人与自然的关系，抽象劳动反映的是人与人的关系。可以说，具体劳动和抽象劳动共同构成劳动的完整形式，二者是对立统一的关系。一方面二者是统一的，劳动者在从事具体劳动时，在空间内也形成了抽象劳动，二者是时间空间上是共生的。另一方面二者又是对立的，具体劳动和抽象劳动产生商品不同的属性，具体劳动创造商品的使用价值，抽象劳动生产商品的价值。

（二）劳动教育

1. 劳动教育的内涵

准确理解劳动教育的内涵是开展劳动教育的前提，目前国内关于劳动教育内涵的界定主要有以下几种：

（1）《辞海》从德育的角度对劳动教育进行了界定："劳动教育是德育的内容之一，是对学生进行热爱劳动和劳动人民、珍惜劳动成果、树立正确的劳动观和劳动态度、通过日常生活培养劳动习惯和技能的教育活动。"

（2）《中国大百科全书》指出："劳动教育是使学生树立正确的劳动观点和劳动态度，热爱劳动和劳动人民，养成劳动习惯的教育，是德育的内容之一。"

（3）《教师百科词典》指出："劳动教育就是向受教育者传播现代生产的基本知识和技能，培养他们具有正确的劳动观点、劳动习惯和热爱劳动人民、劳动成果的感情。劳动教育中要注重发挥受教育者的智力因素，把平凡劳动与创造性劳动结合起来，把简单劳动与富有知识的劳动结合起来。"

（4）《教育大辞典》指出："劳动教育就是劳动、生产、技术和劳动素养方面的教育。主要包括培养学生正确的劳动观点、正确的劳动态度、良好的劳动习惯和基本的劳动知识技能四个方面的任务。"

（5）中共中央国务院《关于全面加强新时代大中小学生劳动教育的意见》中对劳动教育的内涵进行了界定："劳动教育是国民教育体系的重要内容，是学生成长的必要途径，具有树德、增智、健体、育美的综合育人价值。实施劳动教育重点是在系统的文化知识学习之外，有目的、有计划地组织学生参加日常生活劳动、生产劳动和服务性劳动，让学生动手实践、出力流汗、接受锻炼、磨炼意志，培养学生正确劳动价值观和良好劳动品质。"

通过对以上关于劳动教育内涵的梳理，不难发现劳动教育的核心价值在于培养社会主义事业建设者和接班人。由此可以将劳动教育界定为有目的有计划地面向学生开展系统的劳动技能训练，培养学生形成良好的劳动态度和劳动习惯，尊重劳动和劳动者，形成正确的劳动价值观和一定的劳动权益意识,全面提升劳动素养。

2. 劳动教育的内容

(1)劳动价值观。

劳动价值观是劳动教育的核心内容,主要是引导学生树立马克思主义劳动观,引导学生崇尚劳动、尊重劳动,懂得劳动最光荣、劳动最伟大、劳动最崇高、劳动最美丽的道理,长大后能够辛勤劳动、诚实劳动、创造性劳动。[1]传承中华民族勤劳品德,杜绝好逸恶劳等不良品质。从而形成正确的劳动价值观。

(2)劳动情感与态度。

劳动情感是指一个人基于感情满足需要的程度而形成的对劳动的良性心理体验和情感依赖关系。劳动态度则是个体对劳动所投入的情感程度。[2]劳动情感教育可以激发学生的学习热情,使其在进入社会后能够辛勤劳动、诚实劳动、合法劳动,进而形成积极的劳动态度和劳动情感。

(3)劳动知识与技能。

劳动知识和技能是劳动者开展劳动实践的依托,也是劳动教育的主要内容,是学生劳动素养结构的重要构成。劳动知识和技能主要包括必要的知识、技能、心理等,让学生能够形成精益求精、追求卓越的良好劳动品质。

(4)劳动品德。

劳动品德指的是人们在劳动过程中表现出来的对他人、社会的稳定的心理特征或倾向,直接反映出人的道德品质、形成的劳动纪律和劳动习惯等。劳动品德是劳动品质的重要组成部分,是劳动者精神风貌的集中反映。

3. 劳动教育的途径

劳动教育作为国民教育体系的重要内容,需要各方协同,统筹推进,教育部《大中小学生劳动教育指导纲要(试行)》既指出了不同阶段劳动教育的主要内容,也指明了开展劳动教育的具体途径主要有:

---

[1] 张烁.习近平在全国教育大会上强调:坚持中国特色社会主义教育发展道路,培养德智体美劳全面发展的社会主义建设者和接班人[N].人民日报,2018-09-11(1).

[2] 刘向兵,李珂.论当代大学生劳动情怀的培养[J].教学与研究,2017(4):83-89.

（1）开设专门的劳动教育课程，实施科学、系统的劳动教育。在高校课程体系中设立专门的劳动教育课，系统对学生开展劳动知识教育。

（2）强化劳动教育与学科专业的融入，共建育人共同体。要加强劳动教育载体建设，实现劳动教育与思想政治教育相结合、劳动教育与创新创业教育相结合、劳动教育与就业教育相结合、劳动教育与职业生涯教育相结合、劳动教育与志愿服务相结合、劳动教育与实践育人相结合、劳动教育与校园文化相结合、劳动教育与专业教育相结合、劳动教育与现代产业学院相结合、劳动教育与网络空间相结合、劳动教育与课程思政相结合等实现。

（3）加强校园劳动文化建设。依托劳动节、丰收节、志愿者日等主题节日，开展形式丰富的劳动主题活动，如综合运用讲座、专场报告、宣传栏、新媒体等形式开展劳动模范人物宣讲，举办优秀毕业生报告会等劳动榜样人物宣讲活动，发挥朋辈群体在劳动教育中的引领示范作用，鼓励同学们争做新时代的奋斗者。

（4）开展好劳动实践活动。农科专业是实践性和节令性比较强的专业，要利用好农科专业的这一特点，集中开展校内外生产实习，让学生在出力流汗中锻炼体能、淬炼品格，感悟劳动的艰辛与伟大，养成珍惜劳动成果、尊重劳动创造的良好品质。

（5）家校协作，构建劳动教育闭环。家庭是学生成长的第一场所，也是学校教育的重要支撑。在劳动教育的推动过程中，要着力发挥家庭在培养劳动品德、塑造劳动习惯中的积极作用，共建人才培养闭环。

二、劳动价值观

（一）马克思主义劳动价值观的内涵

在马克思主义经典著作中，关于劳动的论述有很多，从某种程度上讲，马克思主义的整个思想体系都是围绕劳动问题展开的。[①]可以说，正是在对劳动价值认知的基础上形成了对劳动本质和作用的根本认识和总

---

① 张其光：新时代高校劳动教育的回归与转型研究[M].北京：九州出版社，2021（6）.

的观点。

1. 价值与价值观

价值是人们对于满足主体需求的客体的看法和评价。通俗地讲，价值就是人们对于好与坏、对与错、该做什么与不该做什么的基本见解。价值是一种普遍的社会现象，在人类的发展过程中，为了维持生存发展的需要，人们制作生产工具进行劳动，不断创造和追求价值，同时根据经验的累积不断认识和评价价值，逐渐形成对价值的稳定认识，这种对于事物稳定的价值评价和价值看法就是价值观。价值观作为一种意识，是主体和客体属性之间关系的现实反应，是关于客体满足主体需要的总的看法与根本观点。价值观具有导向、凝聚、规范和激励的功能。

2. 劳动价值观

劳动价值观作为价值观一个不可或缺的部分，是人们在实现个人愿望、满足自身需要时对劳动价值的定位和根本看法。"它直接决定着劳动者的价值判断和价值选择，是世界观、人生观、价值观的重要组成部分。"[①]用通俗的话来讲，劳动价值观是人们关于劳动价值的认识、对劳动的情感与态度等，劳动价值观是意识形态的一部分，对人们的劳动选择和劳动行为起着引导和支配作用。

3. 马克思主义劳动价值观的基本内涵

马克思关于劳动价值观的论述主要包括劳动创造人和人类历史、劳动是价值和财富产生的源泉、劳动是实现人全面发展的基本途径。

（1）劳动创造了人和人类历史，并推动了人类历史的进步。

恩格斯在《劳动在从猿到人转变过程中的作用》一文中明确了劳动在人猿分化过程中所发挥的决定性作用。伴随着劳动深入发展，人与人之间发生了沟通与协作，从而发展了语言和思维，可以说，劳动推动了人从生物人到社会人的转变，正如恩格斯说：劳动是一切人类生活的第一个基本条件。而且达到这样的程度，以至我们在某种意义上不得不说：劳动创造了人本身。从某种意义上说，人类的发展史也是一部劳动发展

---

① 刘向兵.新时代高校劳动教育的新内涵与新要求——基于习近平关于劳动的重要论述的探析[J].中国高教研究，2018（11）.

史，人类在解决生存发展需求的过程中，不断解放生产力，变革生产工具，推动人类社会的变迁与发展。

（2）劳动是价值和财富产生的源泉。

马克思认为，劳动是商品价值的源泉，劳动的价值主要由凝结在商品中的无差别人类劳动所创造，这种无差别的人类劳动指的是一切形式的脑力和体力消耗。马克思对商品价值的论述是通过劳动的二重性即具体劳动和抽象劳动来实现的。马克思认为，商品是使用价值和价值的统一体，二者共存于一个商品体内，具体劳动创造商品的使用价值，凝结在商品中的无差别人类劳动创造商品价值，这种无差别的人类劳动就是抽象劳动。人类通过劳动创造出大量的社会财富以满足人类日益增长的物质、精神等方面的需要，极大促进了人类社会的发展。所以说，劳动是价值和财富产生的源泉。

（3）劳动是实现人全面发展的基本途径。

体力劳动与脑力劳动共同构成了完整的劳动过程，劳动者在花费体力和脑力的过程中实现个人的全面发展。马克思认为，资本主义制度下的劳动被异化为"维持劳动者生存的手段"，劳动异化影响了劳动者的身心发展，成为人的解放的主要障碍。社会主义制度为人的自由全面发展提供了制度基础。教育与生产劳动相结合是社会主义教育的显著特征，这种教育制度为体力劳动与脑力劳动的协调发展提供了条件，在手脑并用的过程中实现人的全方位协调充分的发展，成长为全面发展的人。

（二）习近平总书记关于劳动教育的论述

党的十八大以来，习近平总书记在多个场合、多次讲话中阐述了劳动、劳动者、劳动精神、劳动模范等在中国特色社会主义事业中的重要作用，进一步继承和发展了马克思主义劳动价值观，形成了"劳动最光荣、劳动最崇高、劳动最伟大、劳动最美丽"的价值观。

（1）劳动最光荣：劳动没有高低贵贱之分，任何一份职业都很光荣。

习近平总书记指出，不管是从事体力劳动还是脑力劳动，是简单劳动还是复杂劳动，只要是有益于人民和社会，他们的劳动同样是光荣的、同样值得尊重。①社会的发展进步离不开每一位劳动者的爱岗就业。社会分工的深入发展和科学技术的不断进步，使得越来越多的劳动力解放出来，但这并不意味着体力劳动不重要，正是每一位劳动者的辛勤付出促成了社会的美好和谐。每一位自食其力的劳动者都值得尊重。伴随着全球化冲击和国家综合国力竞争，核心科技成为衡量国家实力的重要标尺，尊重人才，尊重创造，让每一位劳动者都能够在自己的领域发光发热，汇聚国家创新发展的磅礴力量。引导学生树立劳动最光荣的价值观，就是要让学生尊重劳动与劳动创造、尊重每一个行业和职业。学一行、精一行、爱一行，用智慧与力量推动社会进步与发展。

（2）劳动最崇高：劳动创造幸福生活。

习近平总书记指出，人世间的一切幸福都需要靠辛勤劳动来创造。无数的劳动者用自己的勤劳与智慧推动着社会的进步。从建国之初的一穷二白，百废待兴，到现在的全面脱贫、百业兴旺，社会主义的发展离不开无数劳动者的辛勤奋斗，不论是各行各业的劳动模范还是普普通通的劳动者，他们用自己的勤劳与智慧推动了社会车轮的进步。劳动者在劳动过程中付出体力和脑力，解决问题，创造价值，既实现了个人的价值，也推动了社会的良性运行。用劳动托举中国梦不是口号，而是奋斗的指向标。不论何时，劳动者收获的都是物质和精神的满足，这种幸福和满足是高层次自我实现需求的满足。引导学生树立劳动最崇高的价值信念，就是要通过劳动训练磨炼意志，形成优秀劳动品质，使其成长为热爱劳动、诚实劳动、辛勤劳动、创造性劳动的新时代劳动者。

（3）劳动最伟大：劳动成就梦想，是推动人类社会进步的根本力量。

习近平总书记在参观《复兴之路》展览时指出："实现中华民族伟大复兴是中华民族近代以来最伟大的梦想，这个梦想凝聚了几代中国人的夙愿，体现了中华民族和中国人民的整体利益，是每一个中华儿女的共同期盼。"然而，梦想不会自动实现，实现梦想的道路上也会遇到各种各样的艰难。全面建成小康社会，进而建成富强民主文明和谐美丽的社会主义现代化国家，根本上靠劳动、靠劳动者创造。唯有紧紧依靠人民群众，依靠广大劳动者的辛勤劳动、诚实劳动、创造性劳动，才能实现

---

① 习近平.人生本平等，职业无贵贱[N].浙江日报，2005-04-29.

中华民族伟大复兴中国梦。引导学生树立劳动最伟大的价值信念，就是要引导学生脚踏实地，勇于承担历史的使命与重担，在学校的学习中积极进取，精益求精，养成爱学习、勤学习的良好学习品质，进入社会后能够快速进入工作状态，承担起社会主义建设者和接班人的历史使命。

（4）劳动最美丽：奋斗是最美的姿态，劳动者是最美丽的人。

习近平总书记高度评价和赞美劳动模范和劳模精神，称劳动模范是劳动群众的杰出代表，是最美的劳动者，是民族的精英，人民的楷模，是坚持中国道路、弘扬中国精神、凝聚中国力量的楷模。劳动精神是劳动模范最核心的特质，广大劳动模范在平凡的岗位上，数十年如一日地爱岗敬业、默默奉献，以高度的责任感、伟大的劳动创造和忘我的奉献拼搏为全体劳动者树立了楷模。他们热爱劳动、辛勤劳动、诚实劳动、创造性劳动的伟大事迹激励广大劳动者积极学习，爱岗敬业，为国家发展、行业进步奉献自己的力量与智慧。社会主义取得的成就，归根结底是无数劳动者辛勤劳动的结果，蕴含了劳动者的牺牲与奉献。引导学生发现劳动之美，让学生树立劳动最美丽的价值信念，刻苦钻研，锻炼本领，为未来进入社会储备劳动能量。

（三）树立正确劳动价值观的积极意义

1. 形成积极就业观

就业观是学生关于就业的观点，就业行为是学生就业观的外在表现。就业是最大的民生。高校既要落实人才培养的时代重任，也要引导好学生及时进入社会，做好社会事业的传承与发展。伴随物质生活的丰富和少子化的社会现实，许多学生在溺爱中长大，从小缺乏劳动训练，对于体力劳动、自力更生的意识较为淡薄，吃不了苦、受不了累的现象较为突出，部分学生一方面渴望实现自我价值，渴望找到好的就业平台，另一方面，存在拈轻怕重的情况。部分学生还有就业稳定性差，频繁跳槽的现象，种种现象的背后是不积极的就业观。劳动教育作为高校教育体系的重要组成部分，一方面要对学生进行全面系统的劳动科学教育，包括劳动价值观、劳动技能、劳动情感、劳动品德等教育，完善学生劳动科学知识结构；另一方面其自身也是劳动实践环节，要着力组织学生参加生产劳动实践、创新劳动实践，在出力流汗中感受劳动创造幸福生活的真谛。这种亲身体验能够让学生切身感受积累的重要性，降低不合实际的期望，在正确认知自我的基础上形成合适的就业期待。与此同时，作为农科院校，正确的劳动价值观也会引导学生正确思考个人价值与社会需求之间的关系、个人进步与产业进步的关联，毕业后积极投身"三农"事业，树立大局意识，勤学本领，扎根基层，用自己的知识和技能服务国家"三农"事业，推动农业、农村、农民现代化。

2. 促进自身全面自由发展

德智体美劳全面发展是个人自由全面发展的重要表现。2018年全国教育大会强调，党的教育方针是培养德智体美劳全面发展的社会主义建设者和接班人。劳动教育具有树德、增智、健体、育美的育人效果，能够很好地与德育、智育、体育、美育相联动，助力个人自由全面的发展。劳动教育是对学生系统开展劳动科学知识、劳动技能、劳动品德教育的科学，能够引导学生德智体美劳全面发展。

第一，劳动教育可以树德。德育的主要目的是培养学生树立正确的世界观、人生观和价值观，内化社会主义核心价值观。劳动教育中关于劳动价值观、劳动情感的教育是德育工作的重要内容，其目的是引导学生形成良好的学习习惯，端正学习态度，培优良品质，在未来进入社会后能够正确处理个人利益与集体利益的关系、个人发展与社会进步的关系，增强大局意识，坚定做社会主义事业建设者和接班人的决心和信心。

第二，劳动教育可以增智，完善学生的知识结构。劳动教育中关于劳动技能的实践、劳动教育与专业教育的融入可以为学生手脑联动获取知识和能力提供途径，使学生的认知水平、思维方式得到优化，这些都可以起到增智的育人效果。

第三，劳动教育可以健体。劳动需要劳动者花费一定体力和脑力来完成，任何劳动都包含了体力和脑力的损耗。劳动教育的实践过程既包括脑力劳动，也包括体力劳动。如劳动生产中，个体需要付出高强度的体力来完成，在创新创业比赛中则需要付出大量的脑力劳动。体力和脑力的耗损可以锻炼学生的体质，使学生身体素养得到提升。

第四，劳动教育可以育美，培养学生健康审美情趣。学生进行家务整理、完成学业、手工创造、实践创新等劳动本身就是一个发现美、创造美的过程，学生在进行劳动的同时也进行着美育实践，能够切身体验劳动美丽、创造伟大的深刻内涵。因此，劳动教育在引导学生树立积极劳动观的过程中，能够培养学生健康审美情趣、锻炼体格、完善知识结构、提升品德修养，助力于个人自由全面地发展。

3. 成长为社会主义事业建设者和可靠接班人

党的十九大报告指出，从 2035 年到本世纪中叶，在基本实现代化的基础上，再奋斗 15 年，把我国建成富强民主文明和谐美丽的社会主义现代化强国。要实现这一目标必须要落实全国教育大会精神，构建德智体美劳教育体系，培养德智体美劳全面发展的社会主义建设者和接班人。

劳动教育作为中国特色社会主义制度的重要内容，是培养具有社会主义建设者和接班人精神风貌、劳动品质和劳动技能水平的重要载体。长久以来，高校紧跟国家教育发展要求，坚持教育同生产劳动相结合的教育方针，全面提升学生综合素质。但是伴随着生产的发展，社会物质生活极大丰富，青少年较少有机会参与到社会劳动中，从小没有养成良好的劳动习惯，出现了对于劳动者不尊重、对于劳动成果不珍惜的现象。在高校里面，部分学生沉迷网络游戏，逃课、作弊；就业过程中随意毁约、频繁跳槽、不就业、慢就业等现象层出不穷，这种现象的背后是没有树立正确的劳动价值观。在国家全面推进现代化的征程中，要着力阻止不良社会现象对大学生的侵扰，通过加强劳动教育，使学生树立正确的劳动价值观，完善劳动知识和技能，成长为能够担当民族复兴大任的新时代劳动者，全心全意服务国家和人民，助力国家现代化和中华民族伟大复兴中国梦的实现。

三、劳动情感与态度

作为社会主义事业的建设者和接班人，大学生不仅需要具备良好的知识与技能，也需要具有深厚的劳动情感和积极的劳动态度，因此，深入了解劳动情感和劳动态度的内涵、理清劳动情感与态度的功能与实现路径，对于提升学生劳动情感、端正劳动态度具有积极意义。

(一)劳动情感

1. 劳动情感的概念

劳动情感属于情感范畴,要了解劳动情感的内涵,首先需要明确情感的内涵。情感是一个心理学名词,指的是个体对客观事物稳定的态度、体验和行为反应,这种态度、体验和行为反应与特定的经历和文化有密切关系。所以说,情感具有社会普遍性和个体差异性。劳动情感作为情感的一部分,是个体对于劳动所形成的稳定的态度、体验和行为反应,劳动情感与文化息息相关,具有很强的可塑性。

2. 劳动情感教育的积极意义

劳动情感是个体基于情感满足需要而形成的对劳动的积极心理体验和情感依赖,这种积极的心理体验和情感依赖与主流文化的引导和鼓励息息相关。我国文化中一直有鼓励劳动的文化因子,从勤劳勇敢的传统美德,到南泥湾精神、大庆精神、航天精神、抗疫精神,无不闪耀着劳动的光辉,可以说,鼓励劳动、热爱劳动是刻入我国文化基因之中的优秀因子。做好大学生劳动情感教育,具有积极的意义。

第一,有助于激发学生的学习创新热情。

2016年4月26日,习近平总书记在知识分子、劳动模范和青年代表座谈会上讲话指出,劳动没有高低贵贱之分,任何一份职业都很光荣。在工厂车间,就要弘扬"工匠精神",精心打磨每一个零部件,生产优质产品。在田间地头,就要精心耕作,努力赢得丰收。在商场店铺,就要笑迎天下客,童叟无欺,提供优质服务。[1]因此,任何劳动都没有高低之别,所有的劳动者都是光荣的。对大学生开展劳动情感教育,可以激发学生学习热情,催生学生学习的强大动力,进而提升其学习兴趣,增强其学习的主动性和积极性,使其成长为掌握专业知识和技能的专业技术人才。当前,国际竞争越来越转变为综合国力的竞争,大学生在校期间要养成刻苦钻研、勤于学习的好习惯,方能在进入社会后为社会主义现代化作出重要贡献。

---

[1] 习近平.在知识分子、劳动模范、青年代表座谈会上的讲话[N].人民日报,2016-04-30(2).

第二，有助于让学生珍惜劳动成果，增进学生对劳动者的深厚感情。

人类社会发展到今天，取得的一系列璀璨成就都离不开一代又一代劳动者的辛勤付出，人类创造历史，劳动开创未来，现代人享受的幸福美好全部都是前人劳动的结果，作为坐享其成者，要明白劳动的艰辛和劳动成果的来之不易，然而，由于大学生生活在和平年代，生来就有的稳定生活和丰富物质使得他们容易迷失自我，也会产生浪费劳动成果、不尊重劳动者的现象，如造假剽窃、浪费粮食等。面向大学生开展劳动情感教育，就是要让学生通过这些伟大成就，理解认识到劳动成果的来之不易，感受劳动人民的勤劳智慧，从而强化对劳动人民的深厚感情，珍惜劳动成果，杜绝浪费。同时，自觉将劳动者的奉献精神、拼搏精神内化为自身成长的动力，勇于创新，刻苦钻研，不断成长为适应时代需要的具有担当精神的现代高素质人才。

第三，有助于传承优秀文化，坚定"四个自信"。

热爱劳动、勤劳勇敢、艰苦奋斗一直是我国文化积极倡导的优秀品质。经过改革开放40多年的建设，我国社会生产力得到极大解放，人民生活水平显著提高，伴随着全球化浪潮和科学技术革命的深入发展，物质生活的极大丰富为大学生提供了幸福优渥的生活条件。然而，我们也应看到，我国当前仍处于社会主义初级阶段，资源、环境承载压力依然巨大，勤俭节约、绿色低碳依然是我们当前的主要生活模式。在大学生中开展劳动情感教育，引导学生认识到社会发展带来的物质丰富，也要让学生认识到核心技术的重要以及资源环境面临的压力，传承好我国传统文化中节约、勤俭、艰苦奋斗的优良品质，珍惜当下生活的来之不易，了解社会主义伟大成就的来之不易，传承先辈们艰苦奋斗的作风和传统，坚定社会主义道路自信、制度自信、理论自信和文化自信，做一名合格的社会主义建设者和接班人。

3. 劳动情感教育的内容

（1）劳动平等的教育。

2016年4月26日，习近平总书记在知识分子、劳动模范和青年代表座谈会上讲话指出，劳动没有高低贵贱之分，任何一份职业都很光荣。在工厂车间，就要弘扬"工匠精神"，精心打磨每一个零部件，生产优质产品。在田间地头,就要精心耕作,努力赢得丰收。在商场店铺,就要笑迎天下客,童叟无欺,提供优质服务。①劳动没有高低贵贱之分,所有的劳动都凝聚了劳动者的体力和智力损耗,是无差别的人类劳动集合。所以,不论是体力劳动还是脑力劳动,都在为社会创造价值。随着社会经济的发展和家庭人口数量的减少,越来越多的大学生成为家庭的中心,他们从小享受着丰富的物质生活,缺少必要的劳动训练,再加上传统文化中"劳心者治人,劳力者治于人"的思维,很多大学生被灌输了体力劳动低下、脑力劳动高人一等的观念,这种观念在大学生就业过程中表现为拈轻怕重,只选择工作轻松的职位或者人为屏蔽一些需要付出体力劳动的工作,限制择业范围,形成"高不成低不就"的就业现象。因此,深入开展劳动平等教育,让大学生正确认识体力劳动和脑力劳动的价值,形成劳动平等的观念是劳动情感教育的重要内容。

(2)尊重劳动和劳动者的教育。

"劳动伟大,创造光荣"不仅仅是一句口号,更是对劳动和劳动者对最高赞美。人类历史的进步正是由无数劳动汇聚的结果,面向大学生开展尊重劳动和劳动者的教育,就是要让学生从思想观念到行动实践,全方位认识到劳动和劳动者的伟大与崇高,自觉领悟伟大劳动精神,积极参加劳动实践教育,向劳动者学习。第一,要参与丰富多彩的实践育人活动,如社会实践、实践调查等课程,在实践过程中观察社会、了解国情社情,切身感受"社会主义是干出来的"的深刻内涵,涵养劳动伟大的朴素情感。第二,积极参与创新创业实践教育,争做新时代的创新者、创业者。当前,面向高校大学生的创新创业赛事规格高、内容全,是学生全方位锻炼自我成才的重要平台,可依托比赛平台,鼓励学生积极开展创新性劳动,实现个人素养的全面提升。第三,要依托专业教育,开展阶段性的生产实习。通过一线生产实践,与生产工人同吃同住同劳动,近距离了解劳动者、了解生产、了解平凡岗位中的不平凡,切实加深劳动情感。

---

① 习近平.在知识分子、劳动模范、青年代表座谈会上的讲话[N].人民日报,2016-04-30(2).

（3）珍惜劳动成果的教育。

社会发展带来了强大的社会生产能力，人类享有的物质产品比以往任何时候都要丰富，但这并不意味着可以随意铺张浪费。当前，我国正处于社会主义初级阶段，社会主要矛盾转变为人民日益增长的美好生活需要和不平衡不充分的发展之间的矛盾。社会发展的不平衡不充分一方面需要更多的劳动者前赴后继，不断创造，另一方面需要在全社会开展珍惜劳动成果教育。这种珍惜劳动成果的教育一方面是不铺张浪费，另一方面是拒绝资源在生产过剩的领域累积，从而实现社会的充分平衡发展。面向大学生开展珍惜劳动成果教育，一方面要教育大学生珍惜劳动成果，珍惜现有生活的来之不易，另一方面要传承先辈的劳动精神，自觉成长为合格的劳动者，如积极参加勤工俭学活动，在学习之余参与劳动实践锻炼，在服务同学的过程中改造自我的认知，真正将劳动精神内化于心，外化于行，形成良好的劳动品质。此外，面向大学生开展的珍惜劳动成果教育还包括对知识产权的尊重与保护等内容。

（4）关于劳动创造幸福的教育。

"用劳动托举中国梦""社会主义是干出来的""实干兴邦""发展才是硬道理"等均揭示一个道理，那就是美好梦想要靠奋斗来实现。不积跬步无以至千里。劳动既创造了人类丰硕的物质文明，也创造了灿烂的人类历史，整个人类历史就是一部劳动史。面向大学生开展劳动创造幸福教育，本质就是开展奋斗教育，要让学生明白劳动是创造美好幸福生活的唯一源泉，劳动实践是美好生活的实现路径，培养学生的奋斗精神。要根据不同专业、不同年级学生的身心发展特点，通过日常劳动教育、生产劳动实践、社会实践、创新创业训练、就业指导和求职训练等活动，让学生通过出力流汗、亲自参与，感受劳动与幸福的关系，从而将劳动创造幸福的信念植根于心。

（二）劳动态度

1. 劳动态度的内涵

关于劳动态度的内涵，不同的学者从自己的研究角度提出了自己的见解。刘向兵认为，劳动态度是在一定劳动价值观支配下，在长期劳动情感体验基础上形成的一种相对稳定的对待劳动的心理倾向。[①]高文阁认为，劳动态度指的是人们从事劳动的动机及其在劳动中的行为价值，即人们对劳动的认识和以此为指导所采取的行动。[②]钱枫认为，态度是人们在自身道德观和价值观基础上对事物的评价和行为倾向，而劳动态度是人们对待劳动的心理态度，呈现两极化，表现为愿意劳动或者拒绝劳动、热爱劳动或者厌恶劳动、尊重劳动或者鄙视劳动。[③]学者们对劳动态度的界定，或是从价值观角度，或是从行动动机角度，或者从评价取向角度进行。结合学者们对劳动态度内涵的界定，本书认为劳动态度指的是个体在劳动认知基础上形成的劳动情感和劳动行为倾向。

2. 劳动态度的结构

作为一种心理意识，劳动态度与态度具有相同的结构，都包括认知、情感和行为倾向三个层面。劳动态度作为对劳动这一现象的认知、情感和行为倾向，其构成要素包括劳动认知、劳动情感和劳动行为倾向。

第一，劳动认知。

劳动认知主要是指一个人对劳动所具有的知觉、信念、理解和评价。劳动认知的形成与过往的劳动经历和文化训练有关，劳动认知在劳动态度结构中处于基础地位，是形成劳动情感和劳动行为倾向的基础。劳动认知既有关于劳动的基本观点，也有对于劳动的基本评价。如个体认识到自食其力的重要性，他就会对自食其力的群体有更多正向评价，自己也会有更多独立自主、自力更生的行为。

第二，劳动情感。

劳动情感主要是个体对于劳动这一社会现象的主观情绪体验，如尊重劳动或者鄙视体力劳动、珍惜或者浪费劳动成果等。劳动情感受劳动认知的影响，具有很强的社会性和个体差异性。如有着积极劳动情感的人会对劳动者有着极高的评价，表现出尊重和礼貌，而好逸恶劳的人则会对劳动存在着鄙视等情感，对于劳动者也不亲近。劳动情感对于劳动行为有着直接的影响。

---

① 刘向兵，李珂.论当代大学生劳动情怀的培养[J].教学与研究，2017（4）：83-89.
② 高文阁.当代大学生应同时树立三种劳动态度[J].吉林教育科学，2001（6）：34-35，39.
③ 钱枫.论职校生劳动态度的培养[J].青岛职业技术学院学报，2011，24（2）：62-64.

第三，劳动行为倾向。

劳动行为倾向指的是一个人对劳动所持有对一种内在反应倾向，是个体在劳动行为前的准备状态。当个体对劳动形成了劳动认知和劳动情感后，就会形成一定的劳动行为倾向。如个体认为劳动光荣，就会对劳动产生积极的情感，进而会努力学习劳动技能，为做一名合格的劳动者做好准备。当个体认为体力劳动低下时，就会对体力劳动产生不佳的情感，进而形成逃避体力劳动的理由等。

劳动认知、劳动情感和劳动行为倾向一起构成了个体完整的劳动态度，通常情况下，劳动认知、劳动情感和劳动行为倾向的指向是连贯一致的，偶尔也会出现失调的情况，当三者失调的时候，个体通常会积极调整，做出选择，从而维持内在的稳定与平衡。

3. 劳动态度的功能

劳动态度的功能主要包括认知功能、情感体验功能和动机功能，具体主要包括以下几点。

第一，劳动态度的认知功能。

社会客体的意义一般由社会文化所确定，而个体对于社会客体的认知则是通过个体的态度获得。所以劳动态度的认知功能主要表现在个体获得的关于社会客体的意义。受个体劳动态度的影响，面对相同的社会现象，个体会做出不同的意义解释。因为个体在对社会客体进行意义建构时，会有意识地选择符合自己偏好的信息，自觉屏蔽或者过滤与自己偏好不符的信息，从而建构出具有鲜明主体性的意义世界，这就是劳动态度的认知功能所在。

第二，劳动态度的情感体验功能。

劳动态度的情感体验功能主要是个体通过劳动态度来实现情绪的稳定或者积极的情绪体验。在实际生活中，当个体所面对的社会现象与个体的劳动态度相一致时，个体就会表现出良好的情绪体验，形成愉悦正向的体验。如一个勤劳的人会对勤奋工作的劳动者产生敬仰之情，这种敬仰会转化为一种积极的情绪体验。

第三，劳动态度的动机功能。

劳动态度的形成与社会文化息息相关，作为一种文化影响下的社会现象，劳动态度的动机功能主要体现在三个方面：其一是适应功能，劳动态度可以为个体的行为提供指引，促进个体目标的实现。其二是保护功能。通常情况下，劳动态度与个体行为保持一致，减少个体的焦虑，从而维持个体的内在平衡。其三是展示功能。通常情况下，稳定的劳动态度是个体表现自我价值、展示自我个性的窗口和工具，有利于稳定个体的劳动形象。

4. 劳动态度教育的内容

面向大学生开展劳动态度教育，其目的在于教育和培养大学生树立正确的劳动观，端正劳动态度，为成长为德智体美劳全面发展的社会主义建设者和接班人提供认知基础。高校开展劳动态度教育的内容主要包括以下几个方面。

第一，关于劳动认知层面的教育。

劳动态度的认知层面是劳动态度的基础部分，影响着劳动情感和劳动行为倾向。劳动态度认知层面的教育内容主要是从思想层面改善大学生对劳动的认知，具体包括教育学生在认知层面认同热爱劳动、诚实劳动、辛勤劳动、合法劳动等价值理念。

青年大学生正处于知识学习和能力提升的关键时期，在全面提升知识技能的同时做好价值引领教育是尤为重要的，这是回答"培养什么样的人、如何培养人以及为谁培养人"的重要步骤。中国社会主义建立发展的历史充分表明，在中国共产党的正确领导下，依靠广大人民群众的辛勤劳动，中国实现了富起来的梦想，实现了全面建成小康社会的目标。团中央号召全体青年学生认真开展"四史"学习，归根结底就是要让青年大学生学史明理，明白"社会主义是干出来的"的真理，在人生的黄金时期，认真学习科学文化知识，坚定地成长为一名信仰坚定、能力卓越的新时代高素质劳动者。面向大学生开展劳动态度教育，就是要引导学生通过在课堂教学、实践生产等教育环节付出大量劳动，在体味劳动艰辛、挥洒劳动汗水的过程中锻炼心理的韧性，在攻坚克难、顽强拼搏中磨炼坚强的意志，从而成长为人格健全、意志坚定、能力卓越的大学生。

第二，关于劳动情感层面的教育。

劳动情感是个体基于劳动认知获得的情绪体验，引导学生培育积极的劳动情绪体验是劳动情感教育的重要内容。劳动情感层面的教育主要是面向大学生开展爱岗敬业教育。2015年，习近平总书记在庆祝"五一"国际劳动节暨表彰全国劳动模范和先进工作者大会上的讲话指出："我们所处的时代是催人奋进的伟大时代，我们进行的事业是前无古人的伟大事业，我们正在从事的中国特色社会主义事业是全体人民的共同事业。全面建成小康社会，进而建成富强民主文明和谐的社会主义现代化强国，根本上靠劳动、靠劳动者创造。因此，无论时代条件如何变化，我们始终都要崇尚劳动、尊重劳动者，始终重视发挥工人阶级和广大劳动群众的主力军作用。"①社会主义是干出来的，劳动托起中国梦，千千万万劳动者兢兢业业、尽职尽责是实现中国梦的重要支撑。在这个过程中，每一个劳动者都应该爱岗敬业，在每一个平凡的岗位上创造不平凡的劳动。爱岗敬业是最朴素的劳动情感，是最平凡的担当，是每一个劳动者都可以做到的。爱岗敬业体现的是普通劳动者的伟大奉献精神。当前，国家之间的竞争归根结底在于高素质人才的竞争，因此，国家大力实施科教兴国战略、人才强国战略、创新驱动战略，不断提升劳动者素质。大学生正处于风华正好的青春时光，是未来高素质劳动者的后备军。大学是增长知识、涵养品质、强健身体的关键时期，大学生理应刻苦学习，努力钻研，掌握扎实的科学文化知识，扎实做好学习这项本职工作，为将来成长为有知识有情怀的新时代劳动者打下坚实的基础。

  第三，关于劳动行为倾向方面的教育。

  关于劳动行为倾向方面的教育主要是面向学生开展精益求精的工匠教育。习近平总书记在党的十九大报告中指出："建设知识型、技能型、创新型劳动者大军，弘扬劳模精神和工匠精神，营造劳动光荣的社会风尚和精益求精的敬业风气。"可见精益求精是工匠精神和劳模精神的核心特质。大学生是我国社会主义事业的建设者和未来接班人，是社会创新的中坚骨干力量，对于社会发展具有举足轻重的重要作用。因此，必须要面向大学生开展精益求精的劳动态度教育，这也是贯彻落实科教兴国战略、人才强国战略、创新驱动战略，建设有理想、有情怀、有技能、

---

① 习近平.在庆祝"五一"国际劳动节暨表彰全国劳动模范和先进工作者大会上的讲话[N].人民日报，2015-04-29（2）.

会创新的新时代劳动者大军的重要内容。高校作为未来劳动者的培养阵地，要引导学生将个人理想融入国家发展的历史洪流中，激活创新能量，干一行、爱一行，不怕苦，不怕累，忠于职守、乐于奉献、精益求精，在实现中华民族伟大复兴的征程上贡献青春智慧。

四、劳动品德

（一）劳动品德的概念

劳动品德指的是人们在劳动过程中表现出来的对他人、社会的稳定的心理特征或倾向，直接反映出人的道德品质、形成的劳动纪律和劳动习惯等。劳动品德是劳动品质的重要组成部分，是劳动者精神风貌的集中反映。

（二）劳动品德教育的内容

1. 诚实劳动的劳动品格

习近平总书记指出，"人世间的美好梦想，只有通过诚实劳动才能实现;发展中的各种难题，只有通过诚实劳动才能破解;生命里的一切辉煌，只有通过诚实劳动才能铸就。"[1]诚实劳动的重要价值不言而喻，诚实劳动既是和谐劳动关系构建的基础，也是优化资源配置、提升社会生产效率的基础。每一个劳动者诚实地用自己脑力、体力、智力进行劳动，不投机取巧、不好高骛远、不坐享其成，用扎扎实实的行动破解发展中的各种难题。

面向大学生开展的诚实劳动教育着重于培养学生形成良好的劳动品质认知。不论是世界发展史还是中华民族五千年的发展历史，无不告诉我们一个道理，那就是空谈误国，实干兴邦。诚实劳动是人类全面发展的基础，也是个人优秀品质的集中反映。教育学生通过自己的勤奋努力、一步一个脚印地实现学习目标，既不好高骛远，也不自怨自艾；既不投机取巧，也不不劳而获，在认真上好每一节课、认真完成每一份作业、认真阅读每一本书的过程中，扎扎实实地提升自己的学习技能，收获真

---

[1] 习近平.在同全国劳动模范代表座谈时的讲话[N].人民日报，2013-04-29（2）.

才实学。而合法劳动则是所有劳动的前提，法律是调节法人或自然人之间的社会关系的行为规范，是对在法律许可范围内从事劳动的个体或组织的最大保护。对学生开展合法教育，在学生心中播撒守法的种子，消除法律盲点，从而引导学生规范个人行为，在就业求职、开展社会服务的过程中能够遵守契约精神，不随意毁约、不虚假应聘，维护好正常的就业求职秩序。同时，在受到不法侵害的时候能够运用法律维护好自身的合法权益，这些都是合法劳动教育应达到的教育效果。

2. 尊重劳动者的人文关怀

习近平总书记在同全国劳动模范代表座谈时指出："人民创造历史，劳动开创未来。实现我们的奋斗目标，开创我们的美好未来，必须紧紧依靠人民、始终为了人民。"[①]劳动没有高低贵贱之别，所有的劳动者都是最美丽的人。让人民共享发展成果是国家公平正义所在。伴随科学技术的发展，当今社会已成为一个相互连接的有机体，每一个个体需求的满足都得益于其他个体的付出。教育学生尊重每一个劳动者、敬畏每一份劳动成果是劳动品德教育的重要内容，是体现新时代大学生精神风貌的重要窗口。

3. 实干兴邦的家国情怀

新时代大学生生活在国家综合国力不断上升、社会生产极大解放的 21 世纪，少子化的社会现象使得他们备受家庭宠爱，很多大学生没有体味过艰辛的生活，他们从小生活在富足的条件下，被家庭和社会各种呵护，直接进入大学。作为准社会人，大学生亟需价值观教育，尤其是需要实干兴邦的教育。古往今来，任何一项成绩的取得都离不开劳动者的艰苦奋斗，从一穷二白到现在完整国民经济体系的建立，从弱国到强国，这些伟大成就的取得就是现成的教材。要通过点燃学生的爱国情、激发爱国志，引导学生统筹协调好个人梦与中国梦、个人需要与国家需要之间的关系，将小我融入大我，汇聚国家发展的强大力量。

---

① 习近平.在同全国劳动模范代表座谈时的讲话[N].人民日报，2013-04-29（2）.

五、劳动知识与技能

劳动是个体与社会的最直接联系,也是个体社会化的重要渠道,个体通过劳动可以实现身心的协调发展。伴随着科学技术的深入发展,劳动形态发生了许多变化,新时代大学生需要掌握更多的劳动知识和技能,才能更好地适应社会发展。

(一)劳动知识

劳动教育作为高校一门课程,是系统开展劳动知识教育的主渠道,劳动伦理、劳动保护、劳动法律、劳动就业、劳动心理健康等是当前劳动教育课关于劳动科学知识的全部内容。

1. 劳动伦理

当前学术界关于劳动伦理的概念主要有两种视角,一种是道德原则,一种是道德关系。前者如刘进才在《劳动伦理学》一书中,主张劳动伦理是劳动中诸关系的原则协调。他认为,劳动伦理产生于人类的劳动关系,认为自从有了社会劳动,就产生了劳动关系,也就有了规范和调节这种劳动关系的道德原则,"劳动伦理是对劳动关系中道德现象的概括,主要是指在劳动中人与其他诸要素之间应当遵守的道德准则"[1]。"道德关系说"认为,劳动首先反映的是人和自然的关系,但其背后隐藏着深刻的社会关系和道德关系,因此,劳动伦理是对劳动者各种道德关系的反映,是对劳动者之间,劳动者与劳动集体之间,劳动集体与国家、社会之间等各种利益关系的特点及其发展规律的反映。[2]基于对劳动论概念的理解,可以认为劳动伦理主要包括"劳动是实现个体自由全面发展的唯一途径""劳动创造幸福""劳动创造财富"等内容。

面向大学生开展的劳动伦理教育,则是基于马克思的劳动价值论,主要强调基于劳动基础上人与人之间的道德,指导个体处理劳动各环节中人与人、人与社会、人与自然之间的关系。主要包括如下内容:

第一,树立人与自然和谐统一的理念。

---

[1] 刘进才.劳动伦理学[M].上海:华东理工大学出版社,1994.
[2] 王昕杰,乔法容.劳动伦理学[M].开封:河南大学出版社,1989.

劳动是人与自然链接的桥梁，也是人类满足自我需求、开发利用自然资源的过程。人与自然之间的关系是劳动伦理中必须要处理的关系。新时代大学生要内化"绿水青山就是金山银山"的理念，坚持绿色、低碳，坚持共建共享美丽中国的理念，助力人与自然和谐之美。

第二，劳动平等、互助合作的理念。

劳动关系是在劳动中形成的，也必然在劳动中存续下去。良好的劳动关系必然是基于互助合作的双赢理念。每一个劳动者，都应基于个体的诚实劳动获取劳动报酬，每一个劳动者都是平等的、值得尊重的。面对全球化浪潮带来的广阔发展平台，要在更广阔的范围内形成劳动平等、互助合作的良好劳动关系，共同打造人类命运共同体。

第三，体面劳动的价值理念。

体面劳动是马克思劳动伦理思想的重要内容和实践形态，主要包括劳动者因劳动而体面，有劳动才体面，劳动者的劳动应是体面的三个方面的内容。[①]

劳动光荣、创造伟大是对人类文明进步力量的归纳总结，体现了劳动者劳动价值的无可替代。中华民族自古以来就有尊重劳动、鼓励劳动的良好传统，从自强不息、勤劳勇敢到艰苦奋斗、敬业奉献都体现了传统文化对劳动的高度认可。伴随社会进步，各种社会思潮带来多元价值，人们更需要明白劳动的至关重要性。习近平总书记指出，人世间的美好梦想，只有通过诚实劳动才能实现，发展中的各种难题，只有通过诚实劳动才能破解，生命里的一切辉煌，只有通过诚实劳动才能铸就。[②]劳动伦理所要保护的就是诚实劳动，劳动者要在法律允许的范围内勤勤恳恳、认认真真地完成工作，不投机取巧、不偷工减料、不欺瞒敷衍，这也是体面劳动对劳动者的基本要求。

2. 劳动保护

劳动保护是保护劳动者基本的人身安全，这是劳动得以持续存在的重要外部环境。在生产力的诸要素中，人是最核心的生产要素，因此，

---

① 贺汉魂,王泽应.马克思体面劳动观的伦理阐析[J].道德与文明,2012(3):23-30.
② 习近平.在同全国劳动模范代表座谈时的讲话[N].人民日报,2013-04-29(2).

保护劳动者安全也是保护最核心的生产力。劳动保护指的是国家和单位为保护劳动者在职业活动、劳动生产过程中的安全所采取的立法、组织和技术措施的总称。为做好劳动保护工作，国家开展劳动保护管理体系建设，组成了由劳动保护组织、劳动保护立法、安全生产教育、劳动保护检查和相关劳动保护制度在内的劳动保护管理体系。作为即将进入职场的未来劳动者，面向大学生开展的劳动保护教育主要包括：

（1）劳动者的权利与义务。

劳动者的权利和义务指的是由《中华人民共和国劳动法》所规定的劳动者应该享有的权利与义务。具体包括劳动休息/休假权利、接受劳动保护教育培训的权利、获得社会保险的权利、提请劳动争议处理的权利、获得劳动安全保护的权利、要求用人单位提供必要的防护措施和防护用品的权利、女职工及未成年工享有的特殊劳动保护权利等。劳动者的义务则包括树立安全生产意识、遵守安全生产规章制度和操作规程、正确佩戴劳动保护用品、接受安全培训等内容。不管是劳动者的权利还是劳动者的义务，归根结底都是为了保护劳动者的合法权益，切实保护劳动者人身安全，体现的是国家对于劳动者的最核心保护。

（2）以学校为依托签订就业工作协议或者劳动合同，确保劳动权益有保障。

对于没有取得毕业证，无法办理社保的大学生，求职过程中应保护好自己的切身利益。首先可按照学校要求，及时签订三方就业协议，对于有疑问的地方请用人方做出说明，尽全力做好自我利益的保护。其次是对于已经取得毕业证的学生，可以直接按照相关规定签订具有法律效力的劳动合同，规范劳资双方的权利与义务。完整的劳动合同必须要包括工作内容、劳动保护和劳动条件、劳动报酬、劳动纪律、试用期、职工福利、保密要求、离职要求以及劳动合同终止条件、违反劳动合同的责任等基本条款，不应含有如"工伤自理，与企业无关"等不合理不合法的条款。

（3）常见劳动争议与处理教育。

劳动争议是在劳动过程中经常出现的现象，当劳动者与用人单位发生劳动纠纷时，可采取与人事部门协商、申请劳动争议委员会调解或者劳动仲裁以及提起法律诉讼的形式维护自身合法权益。此外，在劳动过程中，发现侵害劳动者合法权益的行为时，劳动者可向相关劳动保障监察部门检举，要求劳动保障监察部门进行处理，共同维护劳动者合法权益。

3. 劳动法律

劳动法是调整劳动关系以及与劳动关系密切联系的一切社会关系的法律。从本质上讲，劳动关系指的是劳资之间的利益关系。当前我国的劳动关系主要包括劳动合同关系和公共部门劳动关系，其中劳动合同关系主要包括自然人和自然人雇主、组织雇主之间的劳动关系，公共部门的劳动关系主要指的是公务员劳动关系和非公务员劳动关系。当前，我国关于劳动的法律主要包括宪法、劳动法、行政法规、地方性法规和经济特区法规、部门规章、地区规章、国际法律文件等规范性文件，还包括劳动政策、劳动技术标准、工会规章、规范性劳动法规、解释、集体合同等准规范性文件。经过几十年的发展，我国已经形成了比较健全的劳动法体系，包括但不限于劳动合同和集体合同制度、工资制度、劳动卫生安全制度、女职工和未成年工特殊保护制度、社会保险和社会福利制度、劳动争议仲裁制度、最低工资标准等内容。

面向大学生开展的劳动法律教育，根本上是为了提升大学生的法律素养，使其面对未来遇到的劳动问题，能够用法律的手段解决，这不仅有利于规范劳动市场，更有利于提升劳动者的法律意识，推进国家法制化进程。

4. 劳动就业

就业问题是近年来高校工作面临的重要问题，就业问题一方面与社会经济环境密切关联，社会经济发展迅速的时期，各行业所能提供的岗位数量多，就业求职者可以有效满足个人的求职期待；当社会经济运行不佳时，由于生产收缩引起就业岗位紧张，会引发个体就业需求得不到满足的情况，造成供需错位。另一方面则与个体的求职意愿有密切关联，个体求职欲望越强烈，就越能够尽早就业。面向大学生开展的劳动就业教育，主要包括以下内容。

第一，就业观。

就业观是个体关于就业的根本观点和根本看法，就业观受个体劳动观的影响。一个拥有积极劳动观的个体就会有积极的就业观，在选择职业时能够快速、高效地做出选择。面向大学生开展劳动教育的内容就是引导学生树立积极的就业观,形成积极的就业观念。就业观教育以生涯规划教育为主要内容,引导学生正确评估个人的兴趣、性格和价值观,科学探索职业环境,树立职业生涯理念,着力培养学生的统筹人生全局的能力。

第二,就业政策。

大学生就业政策是指国家为了解决大学生就业问题而出台的一系列相关政策。就业政策的直接目标是解决社会就业问题,间接目标是优化就业结构,调整就业资源,实现劳动力的优化配置。当前国家关于高校毕业生的就业政策包括鼓励高校毕业生前往基层就业、鼓励高校毕业生应征入伍服兵役、聘用优秀高校毕业生参与国家和地方重大科研项目、鼓励和支持高校毕业生到中小企业就业和自主创业、针对就业困难学生进行就业专项援助等。在劳动教育课中,教师要结合劳动与就业的关系,引导学生积极响应国家政策号召,顺利解决就业问题。

第三,就业形式。

伴随着社会技术进步和发展,就业形式也发生了深刻变化,当前,大学生常见的就业形式主要包括:① 依托学校与国家机关、事业单位签订就业协议参与就业,包括选调生、公务员、事业单位考试、"'村官'计划""三支一扶""西部计划"、参与科研项目担任科研助理等。② 签订劳动合同就业,如通过招聘会等形式到相关企业就业。③ 定向就业。如国防生等。④ 灵活就业,包括自主创业、自由职业等。⑤ 升学深造,如攻读研究生学位等。⑥ 出境出国就业等。

5. 劳动心理健康

劳动心理健康主要是面向学生开展心理保健的相关知识,为劳动者维持心理健康、寻找心理救助提供支持与帮助。每一位进入工作岗位的劳动者都会面临着诸多心理问题,如适应问题、压力问题等,而解决这些问题需要劳动者掌握科学的心理健康保健知识。面向大学生开展的劳动心理健康教育,主要包括以下内容。

第一,良好的压力调节与应对能力。

在劳动场域中,常见的工作压力主要由职业发展、人际关系、家庭工作角色平衡、工作环境等因素引起。如劳动者为谋求职业发展，在工作中投入较多的时间和精力，从而影响到其作为家庭成员的角色，减少了家庭的投入，从而引起家庭与工作的失衡，引发角色焦虑和冲突等。或者劳动者在工作情境中缺乏良好的人际关系支持从而引起情绪的孤独失落或者工作效率持续低下，工作目标不能实现等。这些都是劳动场域经常会出现的压力现象。这些会严重影响劳动者的身心健康。因此，要在高校劳动教育课中着重完善劳动者压力应对技巧和常用心理保健知识的普及与培训，增强学生扮演社会角色、协调人际关系的能力。

第二，职业倦怠及其调适。

职业倦怠是当前心理学领域关注的重点内容，它指的是个体因无法达到预期目标而产生的情感冲突、情感损耗和消极心理体验等。职业倦怠与工作情境有一定的关联，也与个体的效能感有关系，缓解职业倦怠需要从环境和个体两方面着手。面向大学生开展的职业倦怠及其心理保健培训，需要从进行自我效能感培育、工作态度调整、内职业与外职业调整等方面着手，通过个体内在调整适应外部环境，从而形成个体与环境的良性互动。缓解职业倦怠感。

（二）劳动技能

劳动技能指的是作为劳动者应具备的基本劳动能力，辛迪·梵和理查德·鲍尔斯将技能划分为三种类型，即知识技能、自我管理技能和可迁移技能。[1]现实生活中大家往往会夸大知识技能的巨大作用，实际上自我管理技能和可迁移技能往往会影响个人的整体发展，他们是劳动者整体素质的综合反映。

1. 知识技能

知识技能，顾名思义，指的是通过系统获取知识而获得的能力。知识技能和个人的专业有着密切关系，通常用名词来表示。

与其他两种技能相比，知识技能不可迁移，它包含特殊的专业知识结构，需要在特定的情境中发挥作用，且必须要经过系统的培训才能获

---

[1] 钟谷兰，杨开.大学生职业生涯发展与规划[M].上海：华东师范大学出版社，2010.

得。知识技能的获取除了学校的正规教育之外，还可以通过培训机构、资格考试等途径获得。

大学生知识技能的获取途径主要是靠系统的专业学习，因此，高校在提升大学生知识技能过程中，要着力优化好知识要素，不断完善专业培养方案，提升专业学生的核心竞争力。同时，也要整合学校教育资源，拓宽教育渠道，打造教育平台，让学生在专业获得感中提升对专业、产业、行业的认同，增强担当意识和作为意识。

2. 可迁移技能

可迁移技能指的是可以在任何工作中使用到的技能，常见的可迁移技能包括沟通能力、时间管理能力、写作能力等，这些能力是劳动者综合素质的直接表现，对于劳动者的长远发展至关重要。

（1）沟通能力。

沟通指的是人与人、人与群体之间的信息、情感、思想的交流。从沟通媒介来划分，可以将沟通划分为言语沟通和非言语沟通、口头沟通和书面沟通等。不论是哪种形式的沟通，都需要沟通者具备良好的语言组织、表达能力，实现信息的有效流动。

（2）沟通要素。

从沟通的结构来看，沟通要素主要包括：

第一，沟通主体。沟通主体可以是一对一的面对面沟通，也可以是一对多或者多对一的沟通。沟通主体是沟通存在的前提。

第二，信息。信息指的是沟通主体所要交流的思想、情感、信息等，包括语言符号和非语言符号。

第三，情境。情境指的是沟通所发生的时间和空间场所，情境对沟通具有强化或者弱化的作用。

第四，路径。路径指的是信息传递的方式，主要指的是个体的知觉、视觉和听觉支持。

第五，反馈。反馈指的是信息发出者和接受者之间的有序互动，这是沟通持续进行的前提。

（3）良好的沟通技巧。

第一，倾听。

学会有效倾听是开展沟通的第一步，听是获取沟通信息的重要渠道，信息接收者通过倾听获取信息，结合信息发送者的非言语信息，综合起来形成反馈。在有效的倾听中，信息接收者要及时给予言语或者非言语的回应，以保证信息发送者持续输出信息，从而有足够多的信息量保证沟通的顺畅进行。此外，适当的重复、反问也是帮助有效倾听的重要手段。

第二，有效表达。

有效表达是信息传递的重要载体，有效表达主要包括三层含义：其一是要口齿清楚，发音清晰，同时，语言使用上要兼顾对方的语言习惯，避免使用地方性语言。其二是主题突出。要围绕沟通主题展开沟通，避免过多的冗余铺垫。要简明扼要地传达重点信息。其三是保证信息的真实有效，避免主观感受或主观臆断，为对方做出真实反馈提供充足条件。

第三，非言语沟通。

非言语部分对于沟通的有效进行具有不可替代的作用。非言语沟通主要包括沟通过程中的肢体语言、眼神接触、面部表情、身体姿势等。当言语信息与非言语信息一致时，可以强化沟通效果。反之，则会弱化信息传递，减弱沟通的有效性。

第四，同理心。

同理心指的是信息接收者能够对信息发出者表现出感同身受，且能够以恰当的语言、语调和肢体动作反馈给信息发出者。同理心可以给予信息发出者强有力的支持，激发信息发出者提供更多的信息，从而使得沟通更为顺畅。

（4）时间管理能力。

时间管理能力指的是个体高效率地完成既定工作任务的能力。时间管理能力体现的是个体的时间意识和时间控制能力，是良好劳动素质的重要内容。通常来说，良好时间管理能力体现的是劳动者对时间的觉知能力和控制能力。完美主义、知行分离、缺乏专注和目标模糊是影响时间管理能力的重要因素。

第一，完美主义倾向。

完美主义是一种稳定的内在人格特质。通常来说完美主义倾向的个体对于任何事情都要求尽善尽美，要达到自己的理想水平。完美主义是一把"双刃剑"，使用恰当可以提升结果的满意度，反之则会严重影响时间利用效率。拥有积极完美主义倾向的个体通常会精益求精，在具体的工作中往往认真、专注、一丝不苟、细致周到。而拥有消极完美主义倾向的个体往往会过高设定标准，过度提升对自我的要求，当理想与现实碰撞时，很容易产生心理落差，从而形成焦虑、不安等不良情绪，从而进一步降低时间效率。

第二，知行分离导致的拖延。

知行合一是一种完整的认知方式，也是知识获取、能力提升的有效途径。但时间管理能力差的个体往往会存在知行分离的情况，这种表现主要表现为一方面在行动之前进行远超出实际需求的考虑和筹划，另一方面则是永远在修改行动的计划而不去用行动检验计划的有效性。知行分离的个体往往对于现实有着充分的认知，迟迟没有开始的行动会给个体带来不佳的情绪，从而加剧个体的逃避与拖延。

第三，缺乏专注。

专注是一种良好的劳动品质，可以最大限度发挥个体的聪明才智，在短时间内创造高效优质的劳动输出。拥有专注品质的劳动者往往可以高效快速地完成工作任务，而缺乏专注品质的劳动者，很容易被环境中的干扰因素打断，如突然的会议、电话等。缺乏专注力对于个体的发展影响极大，不仅仅会妨碍劳动效率的提升，也会影响劳动者的效能感。当劳动者的自我效能感下降时，其对劳动的预期目标会降低，完成劳动目标获得的情绪满足也会受到影响。

第四，目标模糊。

明确的劳动目标可以为劳动者的行动提供清晰的边界，有利于劳动者调动个体所有资源，高效快速地实现劳动目标，获得较高的情绪体验。而目标模糊往往需要劳动者花费时间和精力重新确定目标，在这个过程中时间效率会大大降低，所以明确的目标可以有效提升劳动者的时间管理能力。在日常的学习训练中，可通过明确目标、分解目标的形式，不断提升劳动者个体掌控时间的能力。

可迁移技能是劳动者应对环境变迁的有效手段，是提升劳动者劳动适应力的重要内容。加强对学生可迁移技能的培养，既能够提升学生的综合素质，实现德智体美劳的全面发展，又能够为未来社会发展提供更多优质劳动者，促进国家综合国力的提升，真正做到用劳动托举中国梦。

3. 自我管理技能

自我管理就是自我控制，是个体有意识地运用认知和行为控制自身的思想、行为、情感，使之与环境实现高度和谐。良好的自我管理技能可以提升劳动者的工作效率，增强劳动者的自我效能感。[①]

（1）自我管理的概念。

社会学家戈夫曼认为，社会是一个大舞台，每一个社会人都是舞台上的演员，大家根据角色的不同进行不同的表演。每一个人都十分在乎自己展示给外人的形象。戈夫曼的拟剧论是对自我管理的形象演示，表演能力其实就是个人的自我管理能力。社会认知学派认为，自我管理是个体通过主动对自身状况、学习行为及环境进行调节以实现学习目标的过程。自我监控、自我评估和自我鼓励是自我管理的常用手段。从劳动能力的视角来看自我管理，它指的是个体控制主体和客体以实现劳动目标的过程。在这个过程中，劳动者需要协调主体认知、行为和情感，实现三者的协调统一。良好的自我管理技能能够帮助个体更好地适应周围的环境，应对工作中出现的问题。一个人如何使用自己的知识，以什么样的态度从事工作往往要比工作本身重要。

（2）自我管理能力系统。

当代大学生多数是在核心家庭长大，从小享受着父母的关注，很容易形成自我中心的思维模式。高校在劳动教育过程中要着重帮助学生克服自我中心思维，协助学生控制自我情绪和固定思维模式，形成良好的自我管理系统。自我管理系统包括认知、情绪、行为三个部分，三者相互作用，共同影响学生的自我管理能力。

第一，自我管理认知系统。

认知是行为的基础，自我管理认知指的是个体在不同情境下所做出的关于是否需要和能否控制的判断。是否需要指的是个体基于价值信念所做出的判断，而能否控制则指的是个体对自我能力的判断，即个人能力能否完成既定任务，实现相应目标。劳动教育中的自我管理认知系统能够培养学生良好的劳动情感，引导学生热爱劳动，形成对劳动的积极

[①] 钟谷兰，杨开.大学生职业生涯发展与规划[M].上海：华东师范大学出版社，2010：26，45-51.

认知。

第二，自我管理情绪系统。

情绪是个体基于认知基础而形成的情感体验，也个人控制个人情绪的能力。一般情况下，良好的情绪体验可以激发学生的潜能，充分调动个人的积极性，提升劳动的效率。心理学中的皮格马利翁效应验证了积极情绪的重要作用。劳动教育中的自我管理情绪系统着重于培养学生情绪控制的能力。当代大学生在成长过程中，对于体力劳动或者付出辛苦劳动的工作往往表现出逃避、畏难情绪。因此，在面向学生开展自我管理情绪教育时，可通过培养学生的同理心引导学生正确看待体力劳动，用心感悟劳动的艰辛与伟大。

第三，自我管理行为系统。

自我管理行为系统指的是个体调整认知、控制情绪的行为。个体基于认知所形成的固定行为模式，主要包括个体的饮食行为、锻炼行为、情绪控制、社会行为、绩效调节、冲动行为控制以及习惯纠正等。

第三章 新时代农科专业劳动教育的基本原则

高校在全面推进新农科建设过程中,全面加强劳动教育,要结合时代特征和大学生行为特点,要坚持目的性和规律性的统一——既要符合国家高等教育的基本方针和目的,也要契合当代大学生身心发展的规律和新时代劳动教育发展规律。基于此,在全面加强劳动教育过程中,必须要坚持思想性、协同性、时代性、系统性、创新性的基本原则,不断提升劳动教育教学科研育人水平。

一、思想性原则

不论是作为一门课程,还是作为技能实践手段,劳动教育必须要坚持思想第一的原则,要坚持把思想教育与劳动教育相结合,突出劳动教育的价值塑造。劳动教育是高校落实立德树人根本任务、培养社会主义建设者和接班人的重要依托载体。全国教育大会提出,要培养德智体美劳全面发展的社会主义建设者和接班人,这一提法对高校培养人才的政治角色和工作角色进行了界定。社会主义接班人也就意味着必须要对学生开展价值引领教育。劳动教育作为高校育人体系的重要内容组成,具有培育劳动情感、端正劳动态度、培育劳动品质、淬炼劳动技能的基础作用,也是引导学生树立马克思主义劳动价值观的关键支撑。因此,高校要在系统推进劳动教育的过程中,坚持好思想性原则,确保劳动教育价值引领功能的实现。

（一）将社会主义核心价值观教育融入劳动教育全过程，实现认知和行为的双重塑造

党的十八大报告提出："倡导富强、民主、文明、和谐，倡导自由、平等、公正、法治，倡导爱国、敬业、诚信、友善，积极培育和践行社会主义核心价值观。"[①]24字社会主义核心价值观对国家、社会和个人三个层面的价值取向进行规定，既继承了马克思主义的核心价值，又凝聚了中国传统文化的精华内容，对于巩固马克思主义在意识形态领域的指导地位、促进人的全面发展、形成全社会的精神共同体进而牢牢掌握意识形态领域的主导权具有重要意义。社会主义核心价值观简短、凝练，易于识记，对于民众而言具有很强的亲和力，能够凝聚实现中国梦的全部力量。新农科教育要着力培育"懂农业、爱农村、爱农民"的新时代农科人才，情怀要深、责任要强、能力突出是新农科人才的重要特征。在新农科教育的推进过程中强化劳动教育，要将社会主义核心价值观融入劳动教育全过程，充分挖掘劳动教育中深层次的思想教育内涵，打造一大批兼具思想性、教育性、劳动性的实践教育项目[②]，实现思想教育和实践教育的融合共生。

（二）要将"劳动托举中国梦"的理念全面融入劳动教育

社会主义事业建设者是国家对高校人才培养的目标要求。高校要培养的是能够承担民族复兴大业、能够实现中国梦的德才兼备的高素质人才。"以劳动托举中国梦"，每一位社会主义建设者都是劳动者，都在用劳动推动着中国梦的实现。要将实干兴邦的思想和理念融入学生教育之中，让学生全面认知时代发展、社会进步，精准开展自我定位，进而树立个人正确的择业观和就业观，在脚踏实地的劳动中加强品德修养、增长知识见识、培养奋斗精神、增强综合素质，在推动中国梦的伟大进程中实现个人价值。

---

① 坚定不移沿着中国特色社会主义道路前进　为全面建成小康社会而奋斗[N].人民日报，2012-11-09（2）.
② 冯刚,刘文博.新时代加强大学生劳动教育的时代价值与实践路径[J].中国高等教育，2019（12）：22-24.

二、协同性原则

劳动教育是系统工程,需要多方协同联动,在新农科建设背景下推进劳动教育,高校要正确处理家校关系、师生关系、校企关系,在用好校园课堂这个教育主阵地的同时,充分发挥好家庭、企业、社会在培养学生劳动能力、涵养学生劳动素养、培育良好劳动品德过程中的协同作用。

第一,劳动教育的第一场所是家庭,基于劳动教育的德育整合必须要抓好"家庭"这一劳动教育的第一"场域"。家庭是孩子社会化的第一场所,是劳动习惯、劳动态度、劳动技能、劳动关系的启蒙场域。高校全面加强劳动教育,必须要家校联动,发挥家庭在高校劳动教育中的基础支持作用。高校要对学生的劳动情况精准掌握,要了解学生劳动能力的层次、劳动态度的差异,在全面摸底的基础上精准培养大学生正确的就业观。就业观就是学生关于就业的基本观点和基本看法。就业观是劳动观在就业求职过程中的呈现,是学生劳动品质素养的综合呈现,是学生担当精神和奉献精神的集中展现。通过家校联动,强化学生就业思维,引导学生积极就业,有效解决"慢就业""不就业"现象,减少"啃老族""米虫族"等不良群体的滋生。农科专业学生从事本专业的积极性不高、流动性大。要将劳动教育融入新农科人才培养体系,通过家校联动,破除农业就业地位低、价值低的刻板印象,着重于培养学生深入农业产业一线、扎根农村基层、服务农业农民的就业能力。

第二,发挥好企业和社会在培养良好劳动品质、淬炼高超劳动技能中的支持作用。新农科教育要着力培养学生服务农业、农村、农民的意识和能力,培养农科现代产业人才。高校劳动教育要着力用好企业平台,实现理论学习和产业实践无缝对接,形成个人能力培养矩阵。读万卷书,行万里路。企业身处时代最前端,对高新技术、产业升级最为敏锐,高校依托实践项目,与企业联合建立实习实践基地,让学生走出校园、走出网络、走进企业、走进社会,在出力流汗中感受劳动的艰辛,在劳动关系的建立和维护中了解国情社情、了解行业产业,在对社会的观察中学到真本领。唯有经历过实践的打磨,才能对产业发展有着清晰的认识、才能对农业产业升级有着更深的思考、才能对农民现代化的重大意义深有体会，才能坚定服务"三农"事业的信心，为国家农业、农村、农民现代化奉献青春与智慧。

第三，加强校企联动，建立产学研互惠合作关系。要组织学生走进产业一线，发挥青年大学生的聪明才智，助力产业升级和技术升级。大学生正处于人生中的黄金时期，他们思维敏捷、身体强健，对于新生事物具有很强的接纳性和包容性，能够开展跨界合作与交流，是推进全产业链的变革的重要智力支持。新农科教育着力于破解传统农科教育的局限，打破专业界限，融合新技术新理念，培养知识结构完整、技术能力超群的现代产业技术人才。通过校企联动，吸纳学生进入企业开展连贯性生产实习，发挥好学生在学校积累的深厚理论知识，鼓励学生大胆创新、大胆尝试，在不断的尝试中完善推动产业发展的法则，推动企业产业升级和技术升级。

三、时代性原则

基于新农科教育的视角全面推进劳动教育，必须要把握劳动的时代性特征，即要深刻理解和把握劳动的"变"与"不变"，在对劳动"变"与"不变"的阐述中推动劳动教育的落地生根。

（一）要明确劳动教育中的"不变"

这个"不变"指的是劳动的本质属性，即劳动人类改造自然，实现人与人、人与物的连接，从某种程度上说，劳动创造历史，劳动创造了人本身。

"劳动是人类的本质活动。劳动光荣、创造伟大是对人类文明进步规律的重要诠释"[①]，这也是劳动教育中必须一以贯之的核心内容。伴随着科学技术的发展和人工智能的全面进步，机器代替人类，越来越多的人从劳动中解放出来，但"人民创造历史、劳动开创未来，劳动是推动人

---

① 习近平.在庆祝"五一"国际劳动节暨表彰全国劳动模范和先进工作者大会上的讲话[N].人民日报，2015-04-28（2）.

类社会进步的根本力量"①没有改变,"人世间的美好梦想,只有通过诚实劳动才能实现;发展中的各种难题,只有通过诚实劳动才能破解;生命里的一切辉煌只有通过诚实劳动才能铸就"②,这些论述全面系统地阐释了马克思主义劳动属性在新时代的深刻内涵和丰富内容,高校要在把握劳动教育的这一本质特征的基础上,以更生动有趣、更有亲和力和吸引力的方式,将劳动的本质属性讲深、讲透、讲活,让学生入耳、入脑、入心,实现对学生劳动观的改造,培养具有马克思主义劳动观的新时代高素质人才。

劳动教育中的"不变"体现的是劳动价值观,也是新农科教育中价值观教育的重要内容。新农科教育要引导学生转变观念,认识到农业产业的无限潜能,认识到农业、农村、农民问题在中国现代化建设中的基础核心作用,能够爱农业、爱农村、爱农民,下得去、留得住,助力国家"三农"事业发展。可以说,新农科背景下的劳动教育能够引导学生树立正确的价值观,增强学生"三农"情怀与担当。

(二)要全面认识劳动教育中的"变",全面把握新时代劳动的多样态

在面向大学生开展劳动教育时,要系统全面地向学生讲清楚体力劳动和脑力劳动、简单劳动和复杂劳动、有偿劳动和公益劳动、个体劳动与群体劳动、创造性劳动和重复性劳动、生产劳动和非生产劳动等劳动的多种形式。既不能把劳动简单化为某种单一形式,也不能比较不同劳动的高低优劣。要通过系统全面地讲述,让学生真正明白并认同"不论是体力劳动还是脑力劳动,不论是简单劳动还是复杂劳动,一切为我国社会主义现代化建设作出贡献的劳动,都是光荣的,都应该得到承认和尊重"③。劳动关系的本质是生产关系,是人类在劳动实践过程中,形成的人与人、人与物之间的关系,受社会生产力的制约和影响。高校在劳动教育理论授课中,要面向学生讲清楚新时代劳动关系的复杂性,充分

---

① 习近平.在同全国劳动模范代表座谈时的讲话[N].人民日报,2013-04-29(2).
② 习近平.在同全国劳动模范代表座谈时的讲话[N].人民日报,2013-04-29(2).
③ 江泽民.全面建设小康社会,开创中国特色社会主义事业新局面//江泽民文选[M].3卷.北京:人民出版社,2006:540.

引导学生透过劳动现象看清劳动关系的本质，正确认识体力劳动的价值和深远意义，尊重创造性劳动成果，认识到新时代劳动所需要的素质能力要求，结合专业和个人价值观、兴趣做好职业规划，积极参加大学生创新创业大赛，真正将劳动视为实现个人价值的内在需要。

劳动教育中的"变"是社会生产进步的表现。新农科建设背景下，新农科人才要更具时代眼光，对新技术、新业态保持更敏锐的觉知力，集思广益、博采众长，及时将新技术、新思想和新工具应用于所学领域。

四、系统性原则

系统性原则指的是在新农科背景下推进劳动教育须有全局性眼光和整体化思维。要坚持育人一盘棋的思维，全面谋划劳动教育与新农科教育的独立与融合问题，实现资源的优化配置，形成高效育人合力。

第一，独立设置的劳动教育课，具备所有课程的属性与特征。

作为独立设置的劳动教育课，要面向学生系统讲述劳动教育的科学知识。要围绕劳动价值观、劳动情感态度、劳动知识技能、劳动品德等核心内容，建构劳动教育课程体系。要重点讲述劳动价值观、劳动情感、劳动关系、劳动伦理、劳动保障等内容，引导学生搭建劳动科学知识架构，在系统理论教育的基础上，形成正确的劳动价值观、积极的劳动情感和和谐的劳动关系。劳动教育理论是向学生讲清楚劳动是什么、为什么要劳动以及怎么劳动的问题，是学生正确认识劳动和劳动价值、珍惜劳动成果、尊重劳动和劳动创造的重要理论支撑。

第二，着力做好体制机制改革，筑牢劳动教育建设的制度基础。

在新农科建设背景下全面加强劳动教育，需要在育人整体思维下，做好体制机制改革建设，为劳动教育的落地生根提供制度支撑。高校党委统筹学校全面工作，要以人才培养为核心任务，统筹处理好组织、管理、服务、心理、资助、文化、网络等育人载体，以"三全育人"格局构建大思政育人体系，坚持全员参与、全过程管理、全方位教育，在劳动教育中实现显性教育与隐性教育相结合，做到"知、情、意、行"统一，共同提升高校劳动教育育人水平。

第三，坚持一体化育人思维，构建"1+n"劳动教育实施体系。

劳动教育兼具理论性、知识性、科学性和实践性，既能启发教师完善知识结构开展教学创新，又能激活学生向上向善向美的潜能。劳动教育中的教学相长着力于构建成长型师生关系的新局面。通过劳动教育与思想政治教育相结合、与校园文化建设相结合、与社会实践相结合、与创新创业相结合、与课程思政相结合、与职业生涯教育相结合、与现代产业学院相结合、与就业指导相结合、与志愿服务相结合，统筹推进第一课堂、第二课堂、第三课堂有机融合，打造全程劳动教育课（如图1）。

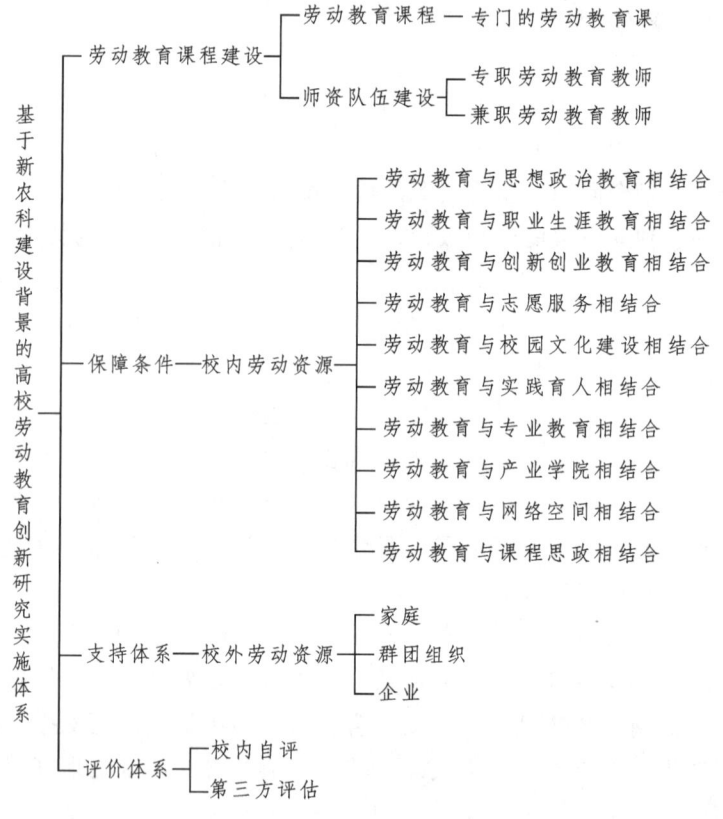

图1 基于新农科建设背景的高校劳动教育创新研究实施体系

五、创新性原则

在新农科建设背景下加强劳动教育，需要正确处理好劳动教育的继承传统与发展创新的关系，根据新时代大学生群体的特点，创新教学方式，提升教学效果。

第一，坚持与时俱进，调整教学内容，使教学更具时代性、新颖性。

教学内容是开展劳动教育教学的重要载体，教学内容越丰富、越贴近时代，就越能激发学生的学习兴趣，增强教学的吸引力。伴随着科学技术的深入发展，劳动形态发生了重大变化，各种各样的新式劳动涌现出来。在教学内容中既要守正，把握好劳动的本质，做好劳动精神教育，"广大劳动者无论从事什么职业，都要勤于学习，善于实践，踏实劳动，勤勉劳动，在工作上兢兢业业，精益求精"①，又要及时吸纳新时代的新内容，使得教学内容与时俱进，贴近时代。

第二，围绕学生开展课程教学创新，丰富教学手段，创新教学形式。

学生是课程的实施对象，也是课程建设与创新的核心要素，对于课程创新有着基础约束力。新时代大学生是多数在核心家庭长大，子女数量的减少和社会经济的进步使得他们越来越少地参与到劳动实践中，他们是网络时代的"原住民"，精通网络语言，熟悉网络法则，对于新鲜事物好奇心强，也更愿意尝试创新，因而对于劳动的认知更为浅显，不少学生出现"铺张浪费等不珍惜劳动成果、恶搞丑化劳动者等不尊重劳动者、缺乏劳动训练和劳动技能的不会劳动、不想劳动"等现象，因此，在劳动教育中要有针对性地开展劳动情感教育和劳动价值观培育，积极应用网络新技术和新手段，创新劳动教育形式，增强劳动教育课的互动性、趣味性和即时性。同时，积极利用新媒体，抢占网络阵地，根据网络"原住民"的言语及行为习惯开展平等对话交流，切实增强劳动教育的吸引力、亲和力和感染力，让劳动教育变成"酷课程"。

---

① 习近平.在知识分子、劳动模范、青年代表座谈会上的讲话[N].北京：人民日报，2016-04-30（2）.

第四章 新时代农科专业加强劳动教育的价值与功能

习近平总书记指出:"人世间的美好梦想,只有通过诚实劳动才能实现;发展中遇到的各种难题,只有通过诚实劳动才能破解;生命里一切辉煌,只有通过诚实劳动才能铸就。"[①]"要在学生中弘扬劳动精神,教育引导学生崇尚劳动、尊重劳动,懂得劳动最光荣、劳动最崇高、劳动最伟大、劳动最美丽的道理,长大后能够辛勤劳动、诚实劳动、创造性劳动"。[②]劳动教育与德育、智育、体育、美育共同构成了国民教育的完整体系,是对学生进行系统教育、培养德智体美劳全面发展的社会主义建设者和接班人的必由之路。劳动教育既包括如马克思主义劳动观、习近平总书记关于劳动的系列论述以及劳动精神等意蕴深厚的理论知识,也包括劳动技能、劳动技巧等实践内容,是衔接智育与德育、体育与美育的重要媒介。劳动教育具有树德、增智、健体、育美的综合育人价值,是学生成长成才的必要途径。高校作为培养社会主义建设者和接班人的摇篮,深化人才培养模式改革,强化对大学生的劳动教育,有利于培养勤俭节约、艰苦奋斗、善于创造、乐于奉献的劳动精神,可以促进学生综合素质提升,使其全面成长成才。作为以育人为使命的高校,要全面推进劳动教育,培养新时代大学生形成正确的劳动价值观、涵养劳动情怀、提升劳动技能。培养符合新时代要求的社会主义建设者和接班人,必须要厘清劳动教育的理论价值、现实价值和实践功能。

---

① 习近平.在全国劳动模范代表座谈时的讲话[N].人民日报,2013-04-29(1).
② 中共中央国务院关于全面加强新时代大中小学劳动教育的意见[N].人民日报,2020-03-27(1).

一、劳动教育的理论价值

高校要扎根中国大地办教育,必须要坚持社会主义办学方向,解决好"为谁培养人、培养什么样的人、怎么培养人"的问题,将价值引领和思想教育贯穿教育教学工作全过程,培养社会主义建设者和接班人。

劳动在马克思主义思想理论体系中具有较高的基础价值和意义,马克思认为,劳动创造人、劳动创造历史、劳动创造财富、劳动能够解放人类思想,人类只有通过劳动才能够满足自由而又全面发展的需要。[①]教育与生产劳动相结合是社会主义教育的根本原则,劳动教育包括的劳动价值教育和劳动教育内容,是马克思主义的重要组成部分。马克思认为,商品的价值主要是由社会必要劳动时间决定的,劳动价值则是商品使用价值的增值。在哲学中,价值概念则与对事物之于主体作用的主观评价活动联系在一起,"价值是客体向主体呈现的意义",故与"价值观"密切相连。[②]在教育情境中,劳动价值主要包含"劳动的价值"和"劳动对教育的价值"两个维度。前者指劳动对于人类生活的有用性及劳动的社会意义,后者则是指劳动对于促进人的全面发展的教育意义。[③]劳动教育的根本任务就是要把劳动的思想渗透到学生的学习、生活和实践中去,让学生在知识学习和理论实践中了解社会主义发展历程、明白社会主义初级阶段的长期性和实现共产主义的必然性。党的十九大报告对劳动和劳动者作出了一系列重要论述,是高校开展劳动教育的重要依据,在全体学生中弘扬实干兴邦的劳动实践观,培育"崇尚劳动的劳动价值观"、热爱劳动的劳动教育观,使学生能够诚实劳动、辛勤劳动和创造性劳动,是高校旗帜鲜明地坚持和发展马克思主义、坚持社会主义办学方向的题中之义。

---

① 严冬.浅析马克思的劳动思想融入新时代劳动教育的意涵[J].人民论坛·学术前沿,2021(23):138-140.
② 檀传宝.劳动教育的概念理解——如何认识劳动教育概念的基本内涵与基本特征[J].中国教育学刊,2019(2):82-84.
③ 檀传宝.劳动教育的概念理解——如何认识劳动教育概念的基本内涵与基本特征[J].中国教育学刊,2019(2):82-84.

二、劳动教育的现实价值

（一）新时代高校加强劳动教育是培养高素质劳动大军，建设社会主义强国，实现中华民族伟大复兴中国梦的客观需要

习近平总书记曾指出："人世间的美好梦想，只有通过诚实劳动才能实现，发展中的各种难题，只有通过诚实劳动才能破解，生命里的一切辉煌，只有通过诚实劳动才能铸就。"社会主义是干出来的，新时代进行伟大斗争、建设伟大工程、推进伟大事业、实现伟大梦想，必须要靠大量的劳动。全面建成小康社会，实现富强、民主、文明、和谐、美丽的社会主义现代化强国也需要大量的劳动。①中国梦要通过一代又一代中国劳动者的辛勤劳动、诚实劳动和创造性劳动来实现。

《中国制造2025》明确提出，要力争通过三个十年的努力，到新中国成立一百年时，把我国建设成为引领世界制造业发展的制造强国。做强做大实体经济，需要培养一批高素质的新型劳动者，在此背景下加强劳动教育，具有十分重要的现实价值，是事关国运兴衰和民族兴盛的大事。改革开放以来，我国大胆进行探索，极大地解放和发展了生产力，社会发生翻天覆地的变化，人民生活水平显著提升，国家综合国力不断增强。近年来，伴随着国际经济环境的疲软以及国内生态环境问题、人口问题的发展，我国经济发展动力减弱，如何转变发展方式、优化经济结构、转换发展动力是当前和今后一段时期国家发展要着力突破的瓶颈。然而，无论如何改革，唯一不变的核心要素就是要提升劳动者的综合素质，培养德才兼备、吃苦耐劳、扎实奋斗的爱劳动、会劳动、能劳动的新型劳动者队伍，培养一批大国工匠，为中国制造2025目标实现提供智力支持、人才支持和创新支持。

在推进教育国际化的过程中，我国积极向国外学习先进教育经验，积极推进教育改革，开展义务教育和素质教育，我国国民素质有了显著提升。再加上社会生产力发展带来的物质生活的极大丰富以及人口政策造成的少子化现象，社会上产生了不珍惜劳动成果、不尊重劳动创造等不良现象。这社会现象在大学校园也有不同程度的表现：有的大学生"衣

---

① 习近平.在同全国劳动模范代表座谈时的讲话[N].人民日报，2013-04-29（1）.

来伸手、饭来张口",毕业后不愿吃苦、不工作、不就业,充当"啃老族""米虫";有的大学生不珍惜劳动成果、不想劳动、不会劳动;有的幻想一夜暴富,有的超前消费、铺张浪费、享乐攀比;有的大学生不尊重创造,学术不端、造假抄袭;有的大学生缺乏敬业精神和奉献精神,协作意识差、契约精神差、随意毁约、频繁跳槽。还有的大学生缺乏吃苦耐劳精神,吃不得苦,遇到困难退缩不前、抱怨、放弃等。种种现象暴露出劳动教育的不足,部分大学生尚未形成正确的劳动价值观。为有效解决上述问题,国家自上而下建立劳动教育模式,面向大、中、小学发布《中共中央国务院关于全面加强新时代大中小学劳动教育的意见》,为高校开展劳动教育提供指南。

高校加强劳动教育,一方面通过课程教育的形式,引导学生通过课堂学习、个人自学、实验实习等环节实现课程知识的学习和提升,提升教学培养质量。学生在学习过程中付出大量辛勤劳动,能够体味劳动的艰辛,在出力流汗中塑造坚韧品格,塑造不怕苦、不怕累的良好品质。另一方面,在劳动实践环节中,大学生通过与一线生产者的互动交流,建立良好的劳动关系,会形成对劳动、劳动者、脑力劳动、体力劳动的正确认知,端正劳动态度,尊重劳动者和创造精神,获得受益一生的优秀劳动品质。在进入工作岗位后,遵守契约精神、团结协作、主动奉献,用实际行动支持国家的发展和社会的进步。

劳动教育既能够引导学生积极学习文化知识,完善知识结构,构筑理论根基,又能够淬炼学生专业技能、培育其良好的劳动品格,引导大学生正确处理个人兴趣与社会需求、专业发展与行业进步、个人价值与社会价值、个人梦与中国梦的关系,把个人融入民族复兴、国家富强的宏伟大业中,建构个人与民族、个人与国家的命运共同体和发展共同体,既用实际行动推进行业、产业发展,又与无数的个人共同汇聚,推动民族进步、国家复兴的巨轮,在一代又一代的接力奋斗中实现中华民族伟大复兴中国梦。可以说,劳动教育是培养知识结构完整、人格结构健全、能力结构精湛的高素质劳动队伍的重要手段,这也是新时代高校加强劳动教育的现实意义。具体到农林院校的劳动教育,我们应聚焦新农科和新农科人才发展,培养适应农业产业变革、农业技术进步、农村振兴的新农科人才，主动融合日常工作与理想事业，助力国家农业、农村、农民现代化，进而推动整个国家的现代化进程。

（二）新时代加强劳动教育是高校落实立德树人根本任务的重要路径

习近平总书记在全国高校思想政治工作会议上的讲话中指出，"高校思想政治工作关系高校培养什么样的人、如何培养人以及为谁培养人这个根本问题。要坚持把立德树人作为中心环节，把思想政治工作贯穿教育教学全过程，实现全程育人、全方位育人，努力开创我国高等教育事业发展新局面"。①大学是人才培养的主阵地，其所开展的一切活动，包括科学研究、教学活动和社会服务，归根结底都是为了立德树人，培养德智体美劳全面发展的社会主义建设者和接班人。新时代高校落实立德树人根本任务，必须要"在坚定理想信念上下功夫、在厚植爱国主义情怀上下功夫、在加强品德修养上下功夫、在增长知识见识上下功夫、在培养奋斗精神上下功夫、在增强综合素质上下功夫"。可以说，每一项任务的落实，都需要发挥劳动教育的助推作用。在坚定理想信念上下功夫，就是要加强劳动价值观教育，让学生深刻领悟劳动之光荣、劳动之崇高、劳动之伟大、劳动之美丽的道理，体会"社会主义是干出来的"的深刻内涵。在厚植爱国主义情怀上下功夫，就是要做好劳动情感教育，引导学生热爱劳动、热爱创造，立志扎根祖国大地，服务人民；在加强品德修养上下功夫，就是要加强劳动品德教育，教育学生尊重劳动和劳动者，进而能够诚实劳动、辛勤劳动、创造性劳动；在增长知识见识上下功夫，就是要坚持知行合一，手脑联动，不断提升劳动技能；在培养奋斗精神上下功夫，就是要扎实推进劳动实践，依托专业实习、社会实践和公益志愿服务，扎实推进创新创业，让学生在出力流汗中长本领、增才干，历练敢于担当、不懈奋斗的精神，成长为能够担当民族复兴大任的时代新人；在增强综合素质上下功夫，就是要充分发挥劳动教育树德、增智、健体、育美的综合价值，不断提升学生综合素养。②

---

① 张烁.习近平在全国高校思想政治工作会议上强调，把思想政治工作贯穿教育教学全过程，开创我国高等教育事业发展新局面[N].人民日报，2016-12-09（1）.
② 杨瑞峰.凝心聚力促发展走好新时代赶考路[J].甘肃教育，2021（24）：6-7.

（三）新时代加强劳动教育是培养有理想、有本领、有担当的时代新人的需要

立德树人是高校一切工作的出发点和落脚点，劳动教育作为兼具知识性、实践性和思想性的综合教育活动，是高校落实立德树人根本任务的有效载体。高校通过丰富劳动教育内容，通过寓理想教育于劳动实践中，引导学生理解劳动的内涵与形态、科学认知劳动的本质和形态，从而形成正确的世界观、人生观和价值观，强化使命担当意识，将个人成长与国家发展、社会进步、民族复兴结合起来，从而坚定理想信念，树立共产主义远大理想和中国特色社会主义共同理想。通过强化劳模精神和工匠精神教育，让学生找到远大理想和共同理想的示范者和践行者，进而积极模仿和内化榜样的行为，树立劳动意识，培养劳动情怀，养成热爱劳动、诚实劳动、崇尚劳动、尊重劳动的良好习惯，在劳动体验中涵养品德、升华人格，成长为有理想的时代新人。

伴随着科学技术进步和生产力的发展，社会化分工越来越精细，劳动的形态也发生了深刻变革，各种新形式、新形态的劳动层出不穷，这一社会变革也对劳动者的素质提出了更高的要求。习近平总书记明确指出"劳动者素质对一个国家、一个民族发展至关重要"[①]。"社会主义是干出来的""实干兴邦"都表明，广大学生必须要抓住一切提升个人劳动能力和劳动素质的机会，练就过硬本领，把自己培养成为知识型、技能型、创新型的复合型人才，才能担当时代重任。高校落实《中共中央国务院关于全面加强新时代大中小学劳动教育的意见》要求，必须统筹谋划劳动教育的内容，强化学生全面发展的目标，强化知识、技能和思维模块的比重，让学生在接受劳动教育的过程中切实提升劳动素质，为将来走向社会、接力历史发展重担打下基础。

新时代承载新使命，新使命呼唤新担当。要完成培养担当民族复兴大任的时代新人的任务，高校必须要提升人才培养的质量。作为未来社会主义事业的建设者和接班人，当代青年必须要有报效祖国、奉献社会的担当，高校加强劳动教育，让青年大学生在职业体验、实习实训、社

---

① 习近平.在庆祝"五一"国际劳动节暨表彰全国劳动模范和先进工作者大会上的讲话[N].人民日报，2015-04-29（2）．

会实践、志愿服务中历练，在历练中成长，提升劳动技能和干事本领，树立正确的择业观、就业观，积极参与国家战略实施、响应国家号召，前往最需要的基层一线磨炼意志，建功立业，塑造完善人格，强化使命担当，要明白"空谈误国、实干兴邦"的道理，脚踏实地、勤恳务实，在不懈的奋斗和成长中增强实现国家富强和民族复兴的社会责任感和历史使命感。

三、劳动教育的实践功能

劳动教育在立德树人、促进学生全面成长方面具有举足轻重的作用，它能够引导学生端正劳动态度、树立正确的劳动观点、养成热爱劳动的习惯和品德。与此同时，劳动教育还是一种幸福教育，是一种包容的、开放的教育类型，能够培养大学生以劳动获取幸福、以智慧劳动创造生活，强化学生的动手能力和主人翁身份，可以培养学生的担当意识和创新能力。简言之，高校深入推进劳动教育，具有树德、启智、健体、育美的综合育人价值。

（一）劳动教育可以培养大学生的高尚品德

马克思认为，劳动创造了人，也创造了人类社会。道德作为人类社会发展的产物，其主要作用是实现人自由全面的发展。也即是说，劳动不仅创造了人本身，也创造了各种各样形式复杂的社会生产关系和社会道德关系。苏联教育学家苏霍姆林斯基曾经指出："社会的进步性和道德进步，取决于组成这个社会的人们如何对待劳动，把劳动看作是什么——仅仅是获得物质福利的手段还是有充分价值和丰富内容而又有趣的精神生活的条件。"[①]劳动不仅是人类创造物质财富的手段，也是创造精神财富的重要方式。因此，良好的道德有利于推进社会的发展与进步。立德树人，是高校的根本任务，也是高校一切工作的出发点和落脚点。高校深入实施劳动教育，有利于培养符合社会主义道德规范的高素质人才。

---

① 苏霍姆林斯基.论劳动教育[M].萧勇，杜殿坤，译.长沙：湖南教育出版社，1987.

1. 劳动教育可以培养学生的奋斗精神

劳动教育可以培养人的劳动能力，而劳动能力包含了体力劳动和脑力劳动。体力劳动是人改造自然世界、升华精神世界的重要方式，是劳动者实现身份认同、确立阶级意识的重要途径，也是实现人的全面自由发展的必由之路。可以说，人类是通过体力劳动认识世界、改造世界，进而推动世界进步发展的。而脑力劳动使学生深入思考劳动价值和劳动意义，人类通过脑力劳动推进社会变迁与进步。习近平总书记在全国教育大会上强调："要在学生中弘扬劳动精神，教育引导学生崇尚劳动、尊重劳动，懂得劳动最光荣、劳动最崇高、劳动最伟大、劳动最美丽的道理，长大后能够辛勤劳动、诚实劳动、创造性劳动。"广大学生在出力流汗的体力劳动中，磨炼了品格，锻炼了意志，淬炼了品行。在手脑并用的劳动中体会人类改造自然的伟大创造、感受大自然的无私馈赠，体会人的主观能动性，感悟大自然与人类的力量对比，并在克服劳动中的困难与挫折的过程中领悟艰苦奋斗的精神。因此，劳动教育能够引导大学生树立社会主义道德观，体悟人与自然和谐相处、绿水青山就是金山银山的价值理念，也能够更加深刻地认识到人类历史的曲折复杂，感恩前辈先人的无私奉献，担当青年人的使命与责任。同时，劳动教育是大学生自身的亲自劳动，在这个过程中，他们能够亲身体验到劳动人民的不易与艰辛，同时也能更直接地体验劳动创造幸福生活的真谛，从而培养对劳动人民的崇敬与尊重之情，并真正感悟劳动人民的巨大创造力，从内而外地唤起他们对劳动的尊重与热爱，强化自身的使命担当和平等意识，进而成长为具有大爱大德大情怀的新时代社会主义建设者和接班人。

2. 劳动教育可以锤炼学生坚忍不拔的意志

成长为新时代的建设者和接班人，不仅需要有扎实的专业基础知识、丰富健康的情绪情感，还要有坚定的毅力和坚强的意志。锤炼意志的方法有很多，但劳动教育无疑是其中最重要的一种。当一个人通过自己的辛勤劳动获得收获，抑或是经过长期探索获得新的技术发明时，不仅会感受到由衷的喜悦，还会体会到自身力量的强大，从而形成自信、自尊、自强的意志品格。这种品格将成为个人成长中最重要的品质，在以后不管遇到何种困难险阻，都能矢志不渝，负重前行。而当他们在脏、乱、差的环境中挥洒汗水时，也能够体验到"功崇惟志、业广惟勤"的道理，从而强化"幸福是奋斗出来的""社会主义是干出来的"的信念，强化对艰苦奋斗民族精神的认同。同时，点滴劳动积累换来的收获也将让学生更加明确"一粥一饭当思来之不易，一丝一缕恒念物力维艰"的艰辛与不易，体会劳动者的伟大、不朽与光荣，真正树立起尊重劳动、珍惜劳动成果、尊重创造的良好劳动品质，培养热爱劳动的劳动情感。

（二）劳动教育可以促进大学生智育发展

劳动创造了人类，人类在不断劳动中不断扩大脑容量，使得自身越来越聪明。在现代社会，各种新技术、新方法层出不穷，劳动与知识、技能的关联度越来越高。劳动既可以说是一门知识，包含着劳动精神、劳动价值，也可以说是一种技能，包括具体劳动技能的训练与培养。大学生正处在身体、智力条件的最优时期，是学习知识、增长才干的黄金窗口期，对大学生开展系统的劳动教育，有利于大学生学好本领，增长才干，成长为社会主义事业的接班人。

劳动是一个手脑并用的协同过程，需要劳动者知、情、意、行相统一。研究表明，手脑协同配合，可以大大提高专注力，提升记忆力，促进智力的发展。当处于劳动状态时，人的神经系统会引导手进行动作，而手也不会不断地反馈信息给神经，不停地进行纠偏，两者相互配合、相互促进。

1. 劳动教育可以激发学生的学习热情，增强学生的知识建构能力

作为高校完整教育体系的重要组成部分，劳动教育是必修课，是整个人才培养体系中的重要一环。大学教育是兼具理论教育和实践教育的，理论教育往往会让学生觉得枯燥，缺乏激情。高校在进行劳动教育课程设置时，通过平衡课内外的劳动实践项目，引导学生系统学习必须要掌握的劳动知识和劳动技能，同时，结合不同的学科和专业特点，实现学科教育与劳动教育、专业教育与劳动教育的有机融合，使之呈现出一种你中有我、我中有你的态势，促进学生全面发展。劳动教育的丰富形式，使得课程能够理论联系实践，让学生深刻领悟学有所用，同时体会理论

对实践的指导以及实践对理论的检验，在劳动实践的过程中思考实践难题，探索未知领域。同时，各种新知识、新技术、新方法和新工艺的应用，也可以积极组织学生进行试验性学习体验，让学生在动手实践的过程中出力流汗，累积经验，进行思考。可以说，劳动教育能够激发学生学习研究的兴趣，提升学生学习的积极性和主动性，实现深层次上的自我认识和自我发展，实现自我知识结构和能力结构的建构。

2. 劳动教育可以提升学生的创新创业能力

"创新是一个民族进步的灵魂，是一个国家兴旺发达的不竭动力，也是中华民族最深沉的民族禀赋。"①为此，我们实施创新驱动战略、建设创新型国家。高校作为高素质人才聚集的摇篮，理应加强学生创新能力培养。实践是检验真理的唯一标准，实践过程中出现的新问题、新线索往往会成为学生关注的焦点。劳动教育之所以能够培养学生的创新能力，主要在于人在劳动实践中会遇到新问题和新矛盾，对新问题作出新的解释，并且找出解决新问题的方法，并进一步将经验的方法升级为理论，从而进入新一轮的验证、发展和完善。这样，从理论到实践再由实践到理论，如此循环往复，不断推动社会的进步。

创业带动创新，创业带动就业，加强学生的创业能力教育既是缓解当前大学生就业压力的现实需要，也是高校发挥人才高地优势，实现资源人才双向循环的有力抓手，更是国家实施新常态建设、建设创新型国家的重要举措，劳动教育可以培养学生艰苦奋斗、兢兢业业、脚踏实地的黄牛精神，可以引导学生树立崇高的理想和坚定的信念，这些都是成功创业的必备素质。可以说，实施劳动教育的过程既是系统地检验知识、应用知识和创新知识的过程，也是对学生进行创业素养和创业能力教育的过程。而学生在劳动实践中累积的经验会引导学生主动深入思考，培养学生的批判性思维和逻辑推理能力，增强学生分析问题和解决问题的能力，切实增强其创新创业能力。

---

① 习近平. 在欧美同学会成立 100 周年庆祝大会上的讲话[N]. 人民日报，2013-10-22（2）.

（三）劳动教育可以强壮学生筋骨，增强学生身体素质

马克思在《资本论》中写道："未来教育对所有已满一定年龄的儿童来说，就是生产劳动与智育和体育相结合，它不仅是提高社会生产的一种方法，而且是造就全面发展的人的唯一方法。"[①]

劳动是人类生存下来的重要手段，人类历史就是人类为了生存而有计划地改造自然的过程，并在改造自然的过程中改造了自身和人类社会。在这一生产实践过程中，人类付出体力投入，这种体力投入必然带来强健的体魄和强大的心理素质。可以说，劳动教育与学生体质的增长是相互促进的正相关关系。不管是毛主席赞赏的"文明其精神，野蛮其体魄"还是现在提倡的"每天锻炼1小时，健康工作五十年，幸福生活一辈子"无不透露着身体健康的重要性。而劳动教育的体力投入与要求，能够让学生在学习的过程中强壮筋骨，增强身体素质。

1. 劳动教育有利于增加学生身体素质锻炼的时间

劳动教育包含劳动技能的学习和实践，这就要求学生必须要进行大量的重复训练才能获得技能的提升。在互联网时代出生、成长的新时代大学生，他们的物质生活异常丰富，需要体力劳动的场所和情境越来越少，而各种电子产品却越来越多，并成为他们学习生活过程中必不可少的工具设备。再加上物质生活条件的改善，很多学生在校园内骑电动车等代步工具，锻炼时间屈指可数。这种情况下，高校加强劳动教育，通过合理规划劳动教育各部分内容，鼓励大学生积极参与劳动实践，强化大学生的参与时长和实践锻炼频率，可以增加学生锻炼的机会，在学习的过程中强身健体。

2. 劳动教育的知行合一可以增加学生的获得感和幸福感，增强心理免疫，提高心理健康水平

实现人的自由全面发展是人发展的最高目标，也是一切教育活动的最终归宿。高校开展劳动教育，即是实现德智体美劳的融合发展，让学生在劳动锻炼中增长技能、涵养品格、强健心理，实现自由而全面的发展。劳动教育可以让学生掌握新的技术、方法和工具，在技能获取的过

---

① 马克思.资本论[M].北京：人民出版社，2018.

程中增强学生的获得感和成就感,让学生切实体悟到一分耕耘一分收获的道理。新时代大学生很多出身于独生子女家庭,缺少必要的群体互动,高校应根据学科和专业特点,扩大劳动教育的内容,如增加勤工俭学岗位、鼓励社会实践等,让学生积极参与到劳动实践中,学会与人沟通交流,在群体交流中获得身份认同,增强社会适应性。同时,劳动教育是知行合一的实践过程,团队协作能够培养学生乐观、自信的品格,在出汗出力中排解不良情绪的困扰,增强心理免疫,提高心理健康水平,为更好地开展智力教育奠定良好的身体基础。

(四)劳动教育能够涵养学生审美情趣,提升美育水平

美育目标的实现离不开系统的审美实践训练。劳动教育的实施不仅可以强化对大学生劳动创造美的认识,而且能够使其切身体会到劳动本身的美。大学生通过参加家庭劳动、手工制作等美化自我生活环境、通过参加公益实践美化社会环境。因此,劳动教育可以从根本上熏陶学生的审美情怀、增强美的积淀,引导他们树立正确的审美观,提升对美的感受力、鉴赏力、创造力,实现以劳育美育的联动育人效果。

1. 劳动教育有利于强化学生的青春美

劳动技能的获取并不是简单急促的,而是需要长时间的累积训练,在这个过程中,学生从生疏到熟练、从笨拙到灵巧,这个过程是知行合一的过程,是身体灵活协调的过程,既可以展示青年学生的力量,也可以展示青年学生的智慧与才干,展示出青春的朝气蓬勃和生机盎然。

2. 劳动教育可以强化学生的精神美

苏霍姆林斯基认为:"离开劳动,不可能有真正的教育。只有当一个人认识到在劳动中有一种比获得满足物质需要的资料更重要的东西,即精神创造及自身才能和天资的发挥,只有在那个时候,劳动才能成为快乐的源泉。"[①]习近平总书记指出,"劳动最光荣、劳动最崇高、劳动最伟大、劳动最美丽",要坚持用劳动创造美丽人生,用奋斗谱写幸福乐章。学生在接受劳动教育的过程中,要善于在劳动实践中发现美、创

---

① 苏霍姆林斯基.论劳动教育[M].萧勇,杜殿坤,译.长沙:湖南教育出版社,1987.

造美、欣赏美。具体来说,新时代大学生的可以用实际的行动改变环境,换来干净整洁的校园环境;在留守儿童心中播撒梦想的种子,可以切身感受知识对于生产的推动,体验帮助别人的快乐与愉悦。这些都是创造美的表现。同时,大学生在劳动过程中可以切身体验到劳动人民的艰辛,惊叹劳动人民的伟大创造力,而这就是对美的欣赏。在劳动实践中解决困难与挫折,思考时代发展难题,加深对民族复兴和时代进步的思考,这些都可以培养学生心中的大爱大美。

第五章
基于新农科建设的高校劳动教育创新实践

一、基于新农科建设的高校劳动教育保障体系搭建

劳动教育保障体系是劳动教育在高校落地生根的重要支撑。着眼于新农科建设实践，高校劳动教育保障体系的搭建可从师资队伍、条件保障、评价体系和社会支持四个维度着手建构，形成高校劳动教育保障体系长效机制，推进劳动教育在高校的全面开花，实现劳动教育树德、增智、健体、育美的育人功能。

（一）畅通渠道，培育专兼结合的劳动教育师资队伍

习近平总书记在同北京大学学生座谈时指出："人才培养，关键在教师，教师队伍素质直接决定着大学办学能力和水平。"在国家全面推进乡村振兴战略、农林院校大举开展新农科建设的背景下加强劳动教育，需要畅通渠道，多措并举，建设一支政治素质过硬、业务能力精湛、敢闯敢干敢拼的多元化师资队伍。

1. 加强师德师风建设，全面强化教师理想信念

教育大计，教师为本；教师大计，师德为本。高质量推进师德师风建设，是一项战略工程、固本工程、铸魂工程，事关党对学校的领导，事关全面贯彻党的教育方针，事关中国特色社会主义事业薪火相传，对于把牢社会主义办学方向，打造师德高尚的高素质教育队伍，全面落实立德树人根本任务，培养堪当民族复兴大任的时代新人具有特殊而重要意义。[1]

---

[1] 苏寄宛.加强新时代高校师德师风建设的思考[J].中国高等教育，2021(24)：34-35.

师德,即教师的职业道德,是教师从事教育教学工作时应遵循的道德规范和必备的道德品质,是教师素质的核心部分。师德师风,是教师的职业道德修养及其表现出来的思想和工作作风,包括对政治的关心和了解、对职业的热爱和投入、对同事的团结和合作、对学生的尊重和爱护、对学术的严谨和进取以及对自己的要求和自律等各个方面的综合状况。[1]师德师风是教师的职业道德、职业精神、思想观念的集中体现。因此,在培养学生成人成才的过程中,教师队伍自身的立德修身尤为关键,高校教师的思想政治素质和职业道德水平直接影响着学生的思想品德教育和道德修养。

习近平总书记指出:评价教师队伍素质的第一标准应该是师德师风。[2]师德师风建设应该是每一所学校常抓不懈的工作,既要有严格制度规定,也要有日常教育督导。我们的教师队伍师德师风总体是好的,绝大多数老师都敬重学问、关爱学生、严于律己、为人师表,受到学生尊敬和爱戴。同时,也要看到教师队伍中存在的一些问题。对出现的问题,我们要高度重视,认真解决。要引导教师把教书育人和自我修养结合起来,做到以德立身、以德立学、以德施教。2019 年,教育部等七部门印发《关于加强和改进新时代师德师风建设的意见》,强调要以习近平新时代中国特色社会主义思想为指导,深入学习贯彻习近平总书记关于教育的重要论述和全国教育大会精神,把立德树人的成效作为检验学校一切工作的根本标准,把师德师风作为评价教师队伍素质的第一标准,将社会主义核心价值观贯穿师德师风建设全过程,严格制度规定,强化日常教育督导,加大教师权益保护力度,倡导全社会尊师重教,[3]激励广大教师努力成为"四有"好老师,着力培养德智体美劳全面发展的社会主义建设者和接班人。新农科建设旨在培养"懂农业、爱农村、爱农民"的新农科人才,要着重培养学生的情怀和担当责任。教师作为传道授业的第一人,其言谈举止、行为规范、情怀担当均会感染学生,引导学生。因此,

---

① 汤文庭,曲文娜,张刚.浅谈新时代高校青年教师师德师风建设的内涵与措施[J].当代教育实践与教学研究,2019(11):100-101.
② 习近平.在北京大学师生座谈会上的讲话[N].人民日报.2018-05-03(2).
③ 教育部等七部门印发《关于加强和改进新时代师德师风建设的意见》的通知[J].中华人民共和国教育部公报,2019(12):22-26.

在新农科建设过程中加强劳动教育师资队伍建设，必须要把师德师风放在首要位置，切实引导广大教师坚定理性信念，树立底线思维，传播中国好声音、讲好中国好故事，引导和感染学生投身国家乡村振兴战略，在推进农业、农村、农民现代化过程中实现个人价值。

2. 以乡村振兴战略和新农科建设为导向，多措并举培育专兼结合的劳动教育师资队伍

党的十九大提出乡村振兴战略，是我们新农村建设在新时代的升级，是党中央针对农业、农村、农民问题作出的新谋划，是当前国家全力推进的重大战略之一。乡村振兴关键在于人才，培养更多适应农业现代化的"新农人"是国家对于农林院校的要求。新农科教育应运而生，因此，高校在推进劳动教育过程中，要以乡村振兴战略和新农村建设为导向，将国家重大战略需求的内核融入德育、智育、体育、美育、劳育之中，抓好劳动教育供给侧，强化劳动教育教师队伍培养。一方面，要抓好劳动教育兼职教师队伍建设，拓宽教师来源，广泛吸纳各个学科背景的专业老师进入，为劳动教育融入专业教育和通识教育提供载体；另一方面，做好劳动教育专职教师培育，劳动教育作为一门学科，具有自身的科学性和专业性，在高校内部培育一批专门从事劳动教育科研、教学的专门队伍，有利于增强高校劳动教育的深度和内涵，提升劳动教育育人效果。

3. 以创新创业教育和实践教学方式为抓手，着力提升劳动教育师资队伍规范化水平

大众创新、万众创业既是时代的最强音，也是高校育人思路的新转变。伴随着科学技术的深入发展，各行各业已经发生深刻的变革，劳动形态从传统的体力劳动、脑力劳动变化为多种形态的劳动，各种创造性劳动层出不穷。高校作为人才培养的摇篮，理应顺应时代和市场的需求，变革人才培养思路，培养更多回应时代要求和市场需求的高素质人才。教师是开展教学活动、培育英才的主力军，是学生思维方式的启蒙者，是学生世界观、人生观、价值观的引领者。在全社会大力倡导创新性劳动的今天，教师理应成为先行一步之人，做创新创业的标兵。劳动教育的目标是引导学生热爱劳动，进入社会后能够诚实劳动、辛勤劳动、创造性劳动，其培养目标与创新创业不谋而合，具有高度的相似性，可以

相辅相成，互相支持。在开展劳动教育师资培育过程中，一方面要紧紧抓住创新创业和实践教学这两个载体，对全体教师开展创新创业培训，挖掘专业课程、通识课程中的创新创业元素，播撒创新的种子。另一方面，教师要依托实践教学环节，及时将课程所学转化为实践行动，从而强化对创新性劳动的认知。

（二）优化劳动教育条件保障

1. 时间保障

教育就是教育者依托一定的场所开展的系统、全面、深入的知识讲解过程，这个过程必然耗费教育者的实践。因此，劳动教育作为一个教育学习的内容，需要一定的时间和空间为依托，实现教学相长、传道解惑。量变引起质变的道理启发我们，在高校全面推进劳动教育的首要保障是足够的教育时间。因此，在深入推进新农科教育过程中推进劳动教育，必须要提供足够的时间作为保障，这种保障主要包括：第一，充足的课时和学分保障。劳育作为和德育、智育、体育、美育同等重要的育人体系，必须要在课时设置和学分设定上与其他课程统筹分配，合理占比。确保学生可以接受足量的劳动教育理论知识，熟悉劳动形式、劳动情感、劳动态度、劳动关系、劳动保障等内容。第二，劳动教育与德育、智育、体育、美育的全面融合。劳动教育可以树德、增智、强体、育美，能够支撑德育、智育、体育、美育的发展，教育目标上的融合共生为劳动教育融入专业教育和通识教育提供了可能。通过在专业教育和通识教育中渗透劳动教育的相关知识，从更广泛的视角实现劳动教育的全覆盖，实现劳动教育与专业教育、通识教育同频共振、同步学习，客观增加劳动教学学习时间。第三，劳动教育实践教学的时间保障。实践环节是劳动教育的核心和关键，也是实现劳动教育目标，引导学生热爱劳动，进入社会后诚实劳动、辛勤劳动、创造性劳动的关键步骤。高校可利用寒暑假时间的连续性，系统开展劳动教育实践教学，拓宽学生获取知识、提升技能的渠道和时间。

2. 空间保障

新农科建设过程中全面推进劳动教育，贯彻落实《中共中央国务院关于全面加强新时代大中小学劳动教育的意见》，就要根据新农科建设规律和农科人才培养特点，探索科学有效的教育载体和教育形式。劳动教育是一门包含劳动理论和劳动实践的综合性科学，需要借助一定的空间载体完成课程的讲授和实践操作。劳动教育空间保障指的是学校要提供相应的场地资源，这种场地既包括教室、实验室等实体空间，也包括依托网络开展教学所需要的网络空间、交流空间等。实体空间资源可以方便教师向学生系统讲述劳动价值、劳动情感、劳动关系等内容，虚拟空间资源可以拓展劳动教育的交流空间。除了理论教学的空间资源外，学校还要为劳动实践教学提供空间，一方面可以在校内建立实习实训基地，另一方面可以积极走出去，充分发挥企业、行业协会、科研院所等单位的优势，建立劳动教育实习实训基地，为学生全面体验多形态劳动、出力流汗、接受教育提供空间支持。此外，伴随着国际化的深入发展，劳动教育可以借鉴国内外开展劳动教育的经验和典型模式，拓宽劳动教育交流空间，不断提升高校劳动教育水平和质量。

3. 技术保障

劳动教育作为一门课程，应遵循现代教学的规律，运用现代化教学设备和平台。先进的教学设施和教学技术是开展劳动教育课的重要组成部分，对于提升课程的吸引力、促进劳动教学现代化、增强教学科研技术支撑具有重要的作用。基于新农科建设实际，高校劳动教育技术保障应包括劳动教育教师库、劳动教育数字资料库、劳动教育教学平台和设备等内容。一方面，现代化的教育信息平台能够为学生了解劳动教育、接受劳动教育提供便利，另一面网络的共享功能可以实现不同高校劳动教育资源共建共享，提升教学资源的利用率和转化率，打造开放、共享的劳动教育信息化平台。劳动教育是一门科学，要体现时代性，劳动教育技术手段的升级理应与社会生产技术保持同步，让学生深刻感悟科学技术的伟大力量。

强化劳动教育的技术保障不仅仅需要硬件设施的保障与维护，更重要的是基于硬件基础上的软件建设与利用，网络信息平台可以实现劳动教育的即时性、随时性，突破环境限制，强化师生联系，实现一对一、一对多的跨时空交流，强化课堂教学效果，推动学生内化劳动教育教学内容，培养劳动感情，建构马克思主义劳动观。

4. 资源投入保障

必要的资源投入是劳动教育顺利开展的根本保障。劳动教育的资源投入保障包括人、财、物三个方面。首先必须要有充足的师资队伍，这是开展劳动教育的基本条件。劳动教育师资队伍建设要盘活存量、做足增量，坚持引进来和走出去战略，打造"双师型"劳动教育教师队伍。同时，加强对劳动教育教师的专项培训，提升教师的业务能力和水平；积极引进劳模、行业精英加入劳动教育专家库，增强劳动教育供给侧。其次要有充足的教学经费保障，这是提升劳动教育质量的法宝。劳动教育教学经费要做足预算，专款专用。同时，要积极拓宽资金渠道，积极争取政府财政拨款、企业赞助等经费，确保劳动教育能够正常、有效开展。第三是要为劳动教育提供场地、书籍、设备、数字文献等资源，保证劳动教学的教学科研工作。

5. 组织保障

加强党对教育工作的全面领导，是办好教育的根本保证。劳动教育是中国特色社会主义教育制度的重要内容，直接决定社会主义建设者和接班人的劳动精神面貌、劳动价值取向和劳动技能水平。[1]高校劳动教育"以习近平新时代中国特色社会主义思想为指导，全面贯彻党的教育方针，落实全国教育大会精神，坚持立德树人，坚持培育和践行社会主义核心价值观，把劳动教育纳入人才培养全过程，贯通大中小学各学段，贯穿家庭、学校、社会各方面，与德育、智育、体育、美育相融合，紧密结合经济社会发展变化和学生生活实际，积极探索具有中国特色的劳动教育模式，创新体制机制，注重教育实效，实现知行合一，促进学生形成正确的世界观、人生观、价值观"[2]。高校要通过系统的劳动教育，"使学生能够理解和形成马克思主义劳动观，牢固树立劳动最光荣、劳动

---

[1] 中共中央国务院关于全面加强新时代大中小学劳动教育的意见[N]. 人民日报，2020-03-27（1）.

[2] 中共中央国务院关于全面加强新时代大中小学劳动教育的意见[N]. 人民日报，2020-03-27（1）.

最崇高、劳动最伟大、劳动最美丽的观念；体会劳动创造美好生活，体认劳动不分贵贱，热爱劳动，尊重普通劳动者，培养勤俭、奋斗、创新、奉献的劳动精神；具备满足生存发展需要的基本劳动能力，形成良好劳动习惯"[1]。因此，以马克思主义劳动观为主要培养任务的劳动教育与坚持党的全面领导是一致的。全面推进劳动教育，必须在学校党委的统一领导下，坚决贯彻党和国家的教育方针，全面落实《中共中央国务院关于全面加强新时代大中小学劳动教育的意见》的相关要求，做好劳动教育的统筹规划和顶层设计，把劳动教育纳入学校发展的中心任务，统筹处理好劳动教育独立设置与融合建设的关系。结合学科发展和专业建设，制定符合劳动教育学科特点的包括师资、科研、学科在内的一揽子建设规划方案，并督导督办，监督落实。在加强内部资源整合规划基础上，要积极联动校外资源，发挥好行业协会、龙头企业和学术精英的优势，构建学校劳动教育指导委员会，制定劳动教育科学评估机制，不断优化劳动教育学科发展。

（三）构建适应新农科教育的劳动教育评价体系

习近平总书记在全国教育大会上指出："要努力构建德智体美劳全面培养的教育体系，形成更高水平的人才培养体系。"[2] 增加农林院校劳动教育承载着培育高素质农林人才的使命和责任。在大力推进新农科建设的今天，实现劳动教育与新农科教育的融合发展，培养"一懂两爱"新农科人才是当前农林院校的重要使命。劳动教育可以树德、增智、强体、育美，是落实立德树人根本任务的重要抓手。如何评价农林院校劳动教育的效果？如何调整农林院校劳动教育模式，实现劳动教育实践朝着既定目标前行？构建适应于新农科教育的劳动教育评价体系成为破题的正解所在。

---

[1] 中共中央国务院关于全面加强新时代大中小学劳动教育的意见[N].人民日报，2020-03-27（1）.

[2] 张烁.习近平在全国教育大会上强调：坚持中国特色社会主义教育发展道路，培养德智体美劳全面发展的社会主义建设者和接班人[N].人民日报，2018-09-11（1）.

1. 把握校内校外两个局面，纵横结合制定发展目标

农林院校要充分把握新农科教育发展规律，摸清家底，准确判断自己所处的发展阶段，全面解析开展劳动教育面临的内、外部环境，结合学校整体发展规划和办学战略目标，充分把握时代机遇，直面时代挑战，将劳动教育纳入全校规划中统筹谋划。按照劳动教育建设基础，分阶段、有重点地稳步推进劳动教育教学、科研工作，构建全员参与、全过程管理、全方位监管的劳动教育育人格局。比如，在纵向时间点的确定上，可以以五年为一个阶段，设置阶段目标，每一个阶段内部按照年为单位分解阶段总目标，循序渐进，不断累积，稳步实现劳动教育育人成才的办学目标。在横向劳动教育培养方案的确定上，可以综合考量培养目标、培养过程、教学计划、培养定位、市场需求等多维度要素，构建适应市场需求、适应社会发展、适应人才成长规律的劳动教育培养方案。同时在教育培养目标与培养效果的达成度、劳动教育定位和人才培养目标与国家和地方经济社会发展需求的适应度、劳动教育教师与教学资源条件的保障度、劳动教育教学质量保障体系运行的有效度、学生在劳动方面的表现与社会用人单位的满意度 5 个方面分别设定子目标，确保劳动教育不走样、不变形。

2. 以培养目标为中心，科学设计指标，设定分值、权重

农林院校可根据自己制定的劳动教育规划和各阶段各维度的具体目标，设定各阶段目标的考核指标。同时，在设计考核指标时，要强调可量化评比指标的比重。通过定量统计，客观评估劳动教育目标的实现程度。具体来说，农林院校关于劳动教育考核评价体系要按照规划和培养方案设定的目标分别设立一级指标和二级指标，并根据测量内容确定不同的分值和权重。如关于师资队伍建设的考核，要着重强调纵向和横向的对比，纵向上要着重于队伍规模、数量的变化，横向上要着重于教师能力结构的评估。在办学资源和办学环境的评测中，要在纵向上对比办学硬件和软件的增加量，同时在横向上评价资源增加的有效量。教育的终极目标是育人成才，因此，受教育对象和用人单位是开展劳动教育评价的主体之一。对学生和用人单位的评价的研究则侧重于定性研究，可通过访谈、问卷等形式了解用人单位对毕业生的满意度，了解学生对学

校劳动教育培养方案的反馈意见。由于劳动教育是在全校一盘棋思维下统筹规划的，各项评价指标不是一成不变的，要与学校整体发展规划相匹配，定期更新。

3. 全程跟踪评价，及时纠偏，确保劳动教育不走样

作为一门课程，劳动教育教学质量评价应归入学校教学质量评价体系之中，也就意味着教务部门要对劳动教育实施情况进行全过程跟踪监测，及时发现劳动教育过程中存在的问题并及时纠偏。同时，深入分析劳动教育走样的原因，做到举一反三，稳步推进。教师和学生是劳动教育课的主要参与者，在具体的教学实践过程中会遇到许多问题。相关部门要通过常态化的座谈会、走访调研、网络问卷等形式，及时了解教学实践过程中存在的问题，全过程保证劳动教育不走样、不偏离。

4. 进行有效反馈，确保落实举措

农林院校不仅要重视劳动教育实施过程中存在的问题，更要根据问题本身，深入探究问题产生的深层次原因，也即透过现象看本质，从根本上提出解决问题的办法。学校要构建劳动教育反馈机制，保证信息反馈的顺畅；要设立劳动教育整改工作台账，对于问题及时处理解决。同时，对于监督过程中暴露出的重大问题，要及时向学校相关部门反馈，确保重大问题及时反馈。此外，要建立劳动教育问题清单和解决方案对照库，不断评估问题解决方案的科学性和合理性，在不断发现问题、解决问题的过程中提升劳动教育育人效果，确保劳动教育目标的达成。

良好的信息反馈机制有助于发现问题、要及时整改，避免问题积重难返。劳动教育作为高校育人体系的重要组成部分，承担着立德树人的重要使命，高校既要重建设，也要重监督，更要重视反馈整改，只有形成完整的劳动教育实施体系，闭环管理，才能激发出劳动教育树德、增智、健体、育美的功能。

（四）构建适应新农科教育的劳动教育社会支持体系

《中共中央国务院关于全面加强新时代大中小学劳动教育的意见》指出，要把劳动教育纳入人才培养全过程，贯通大中小学各学段，贯穿家庭、学校、社会各方面，与德育、智育、体育、美育相融合。新农科教

育着眼于培养具有扎实学识和高尚情操的"新农人",在全面推进新农科教育的时代背景下,劳动教育应全面贯彻《中共中央国务院关于全面加强新时代大中小学劳动教育的意见》精神,将劳动教育系统融入学生求学全过程,学前儿童、小学、中学和大学分阶段有侧重开展劳动教育,环环相扣,家庭、学校、社会各司其职,共同营造热爱劳动的良好氛围,培养学生劳动情感,使其长大后诚实劳动、辛勤劳动、创造性劳动。

新农科教育是在国家全面推进乡村振兴战略的大背景下,从实现农业、农村、农民现代化的高度,着重加强农科人才供给侧培养,培养下得去、留得住的新农科人才。作为实操性极强的一门学科,新农科教育与劳动教育融合共生,相互促进。要着眼于大劳动教育观,从人才培养全过程统筹构建劳动教育协同体系。

1. 舆论引导,构建沉浸式劳动教育环境

良好的舆论氛围能够营造积极向上、向善、向美的环境,激发年轻人奋力拼搏的干劲和勇气。因此,在新农科建设背景下开展劳动教育,要着力创造有利于推进劳动教育的良好舆论氛围,在全社会营造劳动崇高、创造伟大的劳动精神,构建沉浸式劳动教育环境。

第一,广泛宣传行业生产精英、劳模和优秀校友的事迹材料,通过网络、宣传展板、宣传海报等形式,线上线下全面覆盖,广泛宣传。第二,积极开展专业技能达人的选拔和宣传。朋辈群体具有很好的引导、示范、带动作用,一方面,其年龄相仿、专业相近,具有很强的代入感,另一方面,经年累月与优秀学生生活在同一个情境中,优秀榜样的行为会不自觉地激发学生向上向善的意识,引导其作出行为的改变。"人在情境中"的教育理念启发教育者,要高度重视教育环境的支持作用,打造沉浸式劳动教育环境,可有效推进劳动教育的落地生根,实现劳动教育树德、增智、强体、育美的巨大育人价值。

2. 家校联动,链接劳动教育全过程

《中共中央国务院关于全面加强新时代大中小学劳动教育的意见》要求劳动教育贯穿学生成长全过程,家庭、学校分别承担不同的劳动教育任务,形成劳动教育无缝衔接。农科专业作为实践性强的专业,需要在农业生产一线。在很多学生的眼中,农学专业工作环境艰苦,工作内容低端，专业认同度不高。需要家校有力配合，在不断提升学生专业认同度的基础上，通过强化劳动教育，实现育人目标。

第一，家长要营造良好的家风，营造勤劳节俭、热爱劳动的家庭氛围。家庭是孩子成长的第一个场所，具有帮助子女养成良好劳动习惯、培养扎实劳动技能、提升劳动情怀的重要作用。家庭要利用好亲缘关系基础，通过示范、循循善诱，不断培养学生的劳动感情，端正其劳动态度。第二，家校互通，打造劳动教育无缝衔接通道。在学生入学前，学校要主动联系家长，了解学生在过往成长过程中的劳动经历，对学生基本的劳动观进行判断，从而分类指导、强化，精准帮助学生建构良好劳动技能和劳动情感。第三，学校要协同家长开展家校联合劳动教育。大学生既是生理上的成年人，也是心理上的未成年人，他们入世不深，需要在与社会的不断接触中增加自身对社会的了解。学校可利用劳动教育课、社会实践、感恩教育等教育载体，强化学生在家庭中的劳动行为，在家与学校的流动环境中不断增强自身的劳动素养。

3. 群团协作，拓宽劳动教育供给侧

大学生是青年人，他们有着旺盛的精力和强健的体魄，有着自己独特的行为偏好和行为表达。

群团联动，联通劳动教育培养链。群团组织是以青年为主要工作对象的协会组织，他们紧随时代潮流，熟悉年轻人的思维模式、语言习惯，年轻人对其有着天然的亲和感。在新农科建设过程中，要积极争取群团组织的支持，协力开展劳动教育，做强劳动教育内容供给。

第一，积极开展榜样宣传主题活动。榜样，比如劳动模范、行业精英，他们都具有很强的专业技能和良好的劳动素养，他们的事迹经历对于学生具有很强的感染力，能够在精神层面激励学生，引导学生作出行为改变。第二，利用群团活动组织优势，积极开展劳动实践活动。劳动实践是学生获取劳动技能、培养劳动情感、端正劳动态度的重要载体，是学生手脑联动、学习知识、强化技能的重要渠道。通过发挥群团组织功能，举行符合青年人行为偏好的劳动实践类活动，让学生在劳动实践中长才干、添本领。第三，积极开展志愿公益活动，让学生在服务社会中了解国情、社情民意。志愿服务是学生自愿付出一定量的劳动但不求取报酬的公益行为，是学生积极利用自己的专长、特长服务社会的过程。在志愿活动中，学生与服务对象短时间内的交流、结合自己劳动实践获得的感悟，能够强化学生的价值感和获得感，提升学生的劳动热情。

4. 校企合作，打造劳动教育共享平台

企业是开展技术创新和实践生产的高地，具有先进的生产技术和高效的创新能力。新农科建设是培养现代农业人才的重要端口，需要密切校企合作，发挥企业在学生锻炼生产技能、熟悉生产流程中的重要作用。

第一，开展生产实习基地建设，稳定开展劳动生产技能训练。劳动生产技能是以专业为基础开展的生产实践性活动，是学生获得价值感的重要渠道。通过校企合作打造生产实习基地，让学生在一线体验专业生产的内容和过程，从而强化理论实施的学习和专业价值感。第二，组织开展企业生产观摩活动。从低年级开始组织学生深入生产一线，在耳濡目染中培养对生产劳动的情感，培养尊重劳动和劳动者的良好情感。第三，邀请企业精英来校开展劳动示范。依托实验实践课程，邀请企业生产精英来校开展实践示范活动，通过课堂互动、行为示范，强化学生劳动意识，感悟劳动最崇高、劳动最伟大、劳动最光荣、劳动最美丽的深刻内涵。

二、基于新农科建设的高校劳动教育实践体系构建

基于新农科建设的劳动教育实践体系是实现劳动教育与新农科建设融合共生的重要支持，主要包括课程建设、保障条件、支持体系和评价体系等四个方面的内容，具体可见图2。

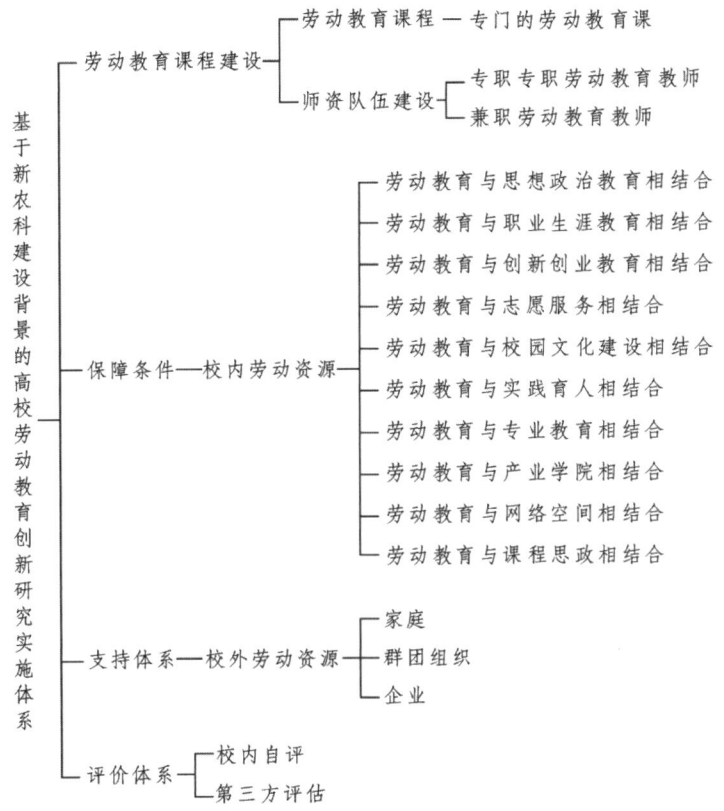

图 2 基于新农科建设背景的高校劳动教育创新研究实施体系

(一)劳动教育课程建设

劳动教育课程建设建构劳动教育育人体系的核心,是劳动教育科学化、专业化的具体体现。劳动教育课程建设主要包括作为劳动教育课的课程建设和劳动教育师资队伍建设两个部分。劳动教育课的课程建设包括按照课程建设的要求设立专门的劳动教育课程,系统讲授劳动教育科学知识与技能,开展劳动价值观教育。劳动教育师资队伍建设应按照专兼职教师合作的方法建设。一方面通过对外招聘,培养一支专门的劳动教育教师队伍,系统开展劳动教育课程研发和学科研究,另一方面发挥高校人力优势,吸纳优秀教师担任劳动教育课兼职教师,确保劳动教育课程建设完整、有序、科学、高效。

（二）劳动教育保障条件

新农科教育是在国家全面推进乡村振兴战略的大背景下，从实现农业、农村、农民现代化的高度，着重加强农科人才供给侧培养，培养下得去、留得住的新农科人才。作为实操性极强的一门学科，新农科教育与劳动教育融合共生，相互促进。要着眼于大劳动教育观，从人才培养全过程统筹构建劳动教育保障体系。劳动教育的保障条件指的是劳动教育顺利开展所需要的教学资源，即劳动教育与校内各教学资源的融合问题，主要包括以下内容。

1. 劳动教育与思想政治教育相结合

"劳动教育是中国特色社会主义教育制度的重要内容，直接决定社会主义建设者和接班人的劳动精神面貌、劳动价值取向和劳动技能水平。"[①]思想政治教育是高校系统开展马克思主义基本原理、毛泽东思想和中国特色社会主义理论体系、中国近现代史的主渠道，是学生系统接受集体主义、爱国主义、社会主义教育的主阵地。思想政治教育通过晓之以理、动之以情，引导学生树立正确的世界观、人生观和价值观。劳动教育兼具理论教育和实践教育，在晓之以理、动之以情之外，还能通过导之以行，让学生从认知、态度、行为上发生全面的改变。

2. 劳动教育与职业生涯教育相结合

面向大学生开展职业生涯教育和就业教育，是以学生就业为导向、以提升学生职业生涯规划管理能力为重点、以提升学生生涯满意度为目标的综合性能力素养教育，是一项理论教育与实践教育相融合的重要课程。通过将劳动教育、职业生涯规划教育和就业教育相融合，进一步凸显劳动教育的价值优势，强化实践指向和教育效果，进而实现立德树人教育目标。

---

① 中共中央国务院关于全面加强新时代大中小学劳动教育的意见[N].人民日报，2020-03-27（1）.

3. 劳动教育与创新创业教育相结合

《国务院办公厅关于深化高等学校创新创业教育改革的实施意见》要求高校要根据人才培养定位和创新创业教育目标要求，促进专业教育与创新创业教育有机融合，调整专业课程设置，挖掘和充实各类专业课程的创新创业教育资源，在传授专业知识过程中加强创新创业教育。无论是劳动教育还是创新创业教育，都提出了"二者结合、共同培育新时代劳动者"的时代命题。劳动教育作为高校教育体系的重要组成部分，要积极与创新创业教育相融合，积极挖掘劳动教育中的创新创业资源。实现劳动教育与创新创业教育的深度融合，协同推进，全面发展。

4. 劳动教育与志愿服务相结合

理论与实践相结合一直就是我党重要的教育理念，志愿服务是高校劳动教育体系的重要内容，也是开展劳动教育实践的重要载体和依托力量，通过志愿服务，可以有效强化青年大学生的担当与责任，引导大学生志愿者在活动中了解国情、社情和民意，了解社会主义的发展历程和国家发展的波澜壮阔，了解历史发展趋势，内化社会主义核心价值观，实现专业知识的深化和实践水平的提升。同时，结合在志愿服务中感受到的奋斗力量，从而将小我融入大我，将个人梦与中国梦相结合，在推动实现中华民族伟大复兴中国梦的征程中实现个人理想与抱负。

5. 劳动教育与校园文化建设相结合

校园文化是高校重要的育人资源，是在高校校园内部由师生共同在长期的教学、科研、学习、生活、实践中形成的一种学校传统、行为准则、道德规范、价值观念、精神支柱的综合，是能够被一代又一代的师生认可、坚守和传承的价值观念，包括高校的物质文化、精神文化、行为文化和制度文化的全部内容，是时代文化和地域文化在高校的集中反映，是扎根中国大地办教育的鲜明特征，具有引导、规范、激励、凝聚高校师生行为的重要功能。高校校园文化是高校重要的育人软环境，是高校一切教育、管理、服务行为发生的平台和载体。通过深入推进劳动教育与校园文化建设的双融入，打造具有鲜明价值导向的文化育人航母，助力高校立德树人根本任务。

6. 劳动教育与实践育人相结合

实践育人着重于通过实践环节强化学生理论知识，实现从知识到能力的飞跃。劳动教育是实践指向较强的课程，需要学生花费大量的时间完成。高校实践育人包括所有实践育人课程，如生产实习等。通过将劳动教育与实践育人资源相结合，一方面可以强化劳动教育的实践场域供给，增强学生开展劳动实践的范畴。另一方面，实践育人本身就是一个带有较强劳动属性的育人环节，劳动教育与实践育人的融合可以让实践环节的育人属性显性化，实现育人资源互补。深入推进劳动教育与实践育人相结合，要着重劳动精神和劳动情怀的渗透教育，引导学生超越工具性劳动，深刻体会劳动的社会价值和伟大意义，形成热爱劳动、尊重创造的良好品格。

7. 劳动教育与专业教育相结合

劳动教育与专业教育二者同向同行。一方面，专业教育的学习过程本身就需要学生花费大量的体力劳动和脑力劳动来完成，完成专业学习本身就是一个劳动实践过程。另一方面，完整的专业教育，其最终目标是培养适应市场和产业需求的高素质劳动者。专业课程自带的劳动课属性为劳动教育的融入提供了空间和载体。推进劳动教育与专业教育的融合，就需要将之前潜在的劳动属性变为显著存在，让劳动价值观融入专业价值教育之中，实现劳动精神的全情境培养。

8. 劳动教育与产教融合相结合

产教融合通常是指生产与教育的一体化，在生产实境中教学，在教学中生产，生产和教学密不可分，水乳交融。①产指的是产业，教指的是教育，产教融合，从字面意思来看指的是产业与教育融合发展，产教融合着力破解高校人才培养脱离产业链、需求链的难题。劳动教育作为高校教育体系的重要内容，既传承我国教育与生产劳动相结合的优良办学传统，又是在继承传统之上的创新，面向新时代的劳动教育着力提升劳动人才综合素养，从全产业链的视角全面增强人才培养适配度。这也是

---

① 曹丹.从"校企合作"到"产教融合"——应用型本科高校推进产教深度融合的困惑与思考[J].天中学刊，2015，30（1）：133-138.

劳动教育与产教融合深度结合的基础关键点。

9. 劳动教育与网络空间相结合

新时代大学生成长于互联网技术迅猛发展的时期，对于互联网有着天然的亲近。网络已经成为他们生活中重要的空间场域。在推进劳动教育过程中，如何引导学生理解新形态的劳动已成为劳动教育的重要内容。基于现代技术构造的现代农业，也必然离不开网络技术的应用与发展，因此，高校要统筹推进劳动教育与网络空间相融合，在新的劳动教育场域引导学生正确认识劳动、培养劳动感情、形成良好劳动品质，使学生成长为具有扎实网络空间应用能力的新时代劳动者。

10. 劳动教育与课程思政相结合

2020年，为构建德智体美劳全面发展的教育体系，《中共中央国务院关于全面加强新时代大中小学劳动教育的意见》明确指出，要将劳动教育纳入人才培养方案，开设劳动教育必修课程，并将学生参加家务劳动和掌握生活技能的情况记入学生综合素质档案，纳入综合素质评价体系。[①]劳动教育着重于对学生开展社会主义劳动观教育，引导学生认识劳动的价值与意义，养成良好劳动习惯，培育劳动情感，体会劳动最光荣、劳动最崇高、劳动最伟大、劳动最美丽，长大后能够辛勤劳动、诚实劳动、创造性劳动，达到树德、增智、健体、育美的良好效果。在以课程为主要育人媒介的高校推进劳动教育，必须要与专业课程进行深度融合，课程思政就是实现劳动教育和专业课程有效融合的重要连接符。

（三）劳动教育支持体系

要着眼于大劳动教育观，从人才培养全过程统筹构建劳动教育支持体系。劳动教育支持体系指的是为劳动教育顺利开展提供外部支持的单位和个人，主要包括家庭、群团组织和企业等主体。

1. 家庭

家庭是高校育人的重要支持单位，在新农科建设过程中加强劳动教

---

① 中共中央国务院关于全面加强新时代大中小学劳动教育的意见[N].人民日报，2020-03-27

育，要坚持家校联动，通过构建良好家风、开展劳动教育精准摸底以及开展亲子劳动实践等形式，通过家庭链接劳动教育全过程。

2. 群团组织

群团组织是以青年为主要工作对象的协会组织，他们紧随时代潮流，熟悉年轻人的思维模式、语言习惯，年轻人对其有着天然的亲和感。在新农科建设过程中，应积极争取群团组织的支持，协力开展劳动教育，做强劳动教育内容供给。可依托群团组织的组织优势，积极开展榜样宣传主题活动、劳动实践活动和志愿公益活动，让学生在实践中获得知识、能力和素养的提升。

3. 企业

企业是开展技术创新和实践生产的高地，具有先进的生产技术和高效的创新能力。新农科建设是培养现代农业人才的重要端口，需要密切校企合作，发挥企业在学生锻炼生产技能、熟悉生产流程中的重要作用。可通过开展生产实习基地建设、开展企业生产观摩活动、邀请企业精英来校开展劳动示范等活动强化学生劳动意识，感悟劳动最光荣、劳动最崇高、劳动最伟大、劳动最美丽的深刻内涵。

（四）劳动教育评价体系

习近平总书记在全国教育大会上指出："要努力构建德智体美劳全面培养的教育体系，形成更高水平的人才培养体系。"[①]农林院校劳动教育承载着培育高素质农林人才的使命和责任，在大力推进新农科建设的今天，实现劳动教育与新农科教育的融合发展，培养"一懂两爱"新农科人才是当前农林院校的重要使命。劳动教育可以树德、增智、强体、育美，是落实立德树人根本任务的重要抓手。劳动教育评价是劳动教育顺利推进的重要保障，也是把稳劳动教育育人方向、保障劳动教育培养质量的重要支撑。高校劳动教育评价体系主要包括校内评价和校外评价两部分。

---

① 张烁.习近平在全国教育大会上强调：坚持中国特色社会主义教育发展道路，培养德智体美劳全面发展的社会主义建设者和接班人[N].人民日报，2018-09-11（1）.

其中校内评价着重于从校内对劳动教育教学目标、教学设计、实施效果开展劳动教育育人效果评价，校内评价的评价对象由教务人员、行政管理人员、教师代表和学生代表组成，通过行政考核、教师互评、学生自评的方式完成教育效果评价，评价工具可以使用问卷评价、座谈会、听课督导制度等形式进行。而校外评价则着重于通过第三方评价的形式进行。通过委托第三方，采用问卷、电话访谈等形式进行独立判断。校内评价与校外评价结果综合运用，相互印证，可以客观反映劳动教育教学育人水平，为高校开展劳动教育监管和改革提供参考。

三、基于新农科建设的高校劳动教育与思想政治教育的融合

"劳动教育是中国特色社会主义教育制度的重要内容，直接决定社会主义建设者和接班人的劳动精神面貌、劳动价值取向和劳动技能水平。"[①]思想政治教育是高校系统开展马克思主义基本原理、毛泽东思想和中国特色社会主义理论体系、中国近现代史教育的主渠道，是学生系统接受集体主义、爱国主义、社会主义教育的主阵地。思想政治教育通过动之以情、晓之以理，引导学生树立正确的世界观、人生观和价值观。劳动教育兼具理论教育和实践教育，在动之以情、晓之以理之外，还能通过导之以行，让学生更好从认知、态度、行为上发生全面的改变。

（一）劳动教育与思想政治教育融合的价值与功能

1. 有利于提升思想政治教育的亲和力和感染力

"劳动教育理论+实践"的教学模式更容易实现"以理服人、以情感人、以行带人"的思想政治教育育人思路。"以理服人"就是教师要跟学生讲清楚道理，"晓之以理"，这种理既是民族复兴、国家兴旺的大道理，也是个人进步、学有所成的小道理。依托劳动这一实践形式，教师用摆事实讲道理的形式向学生讲授，对学生进行社会主义核心价值观

---

① 中共中央国务院关于全面加强新时代大中小学劳动教育的意见[N].人民日报，2020-03-27（1）.

的引导和传递，从认知层面解决学生的问题。"以情感人"就是老师动之以情，这种情既是传道之时建立的知识供给之情，也是师生在共同劳动中形成的劳动之情，更容易提升传道的信赖度。此外，学生个人在勤工俭学、社会实践、志愿服务中的亲身经历正好为劳动情怀教育打开窗口，其所行所感更有助于劳动感情的升华。"以行带人"就是要"导之以行"，教育的根本在于引导学生获取改变自我、改变社会的力量，在"晓之以理、动之以情"的基础上，教师要引导学生将所思所想投射到实践中去，充分挖掘个人的潜能，增强本领，在实践中去检验、去强化学习所得、学习所获。劳动教育的实践品格使得思想政治教育"以理服人、以情感人、以行带人"的工作思路获得了实践的生命力，更加鲜活，能够极大提升思想政治教育的亲和力和吸引力。

2. 有利于增强思想政治教育的实践性

实践是劳动教育的第一品格。劳动教育既是高校教育体系的重要组成部分，是落实高校立德树人根本任务的基本组成部分，也是在学生学习实践中进行价值引领的重要载体。作为一门学科，劳动教育有自己完成的教学体系，有教学大纲、教学计划、教学目标和教学设计，是一门完完整整的劳动科学教育课，学生既可以学到基本的劳动理论知识，如劳动伦理、劳动情感、劳动法律、劳动关系、劳动品德和劳动价值观等，也可以聆听道德模范、大国工匠的奋斗故事，更可以亲身参与社会实践、志愿服务、生产劳动等。对于大学生而言，完成完整的课堂教学、课程实践和自我学习是需要付出大量的辛勤劳动的，有助于正确劳动价值观的养成。在出力流汗的实践过程中砥砺顽强拼搏的意志，同时，在不断地劳动实践和勤奋学习中塑造自我，有利于敬业负责、自律自信等优良个人品质的养成。

3. 有利于提升思想政治教育的精准性

从大学生个人的人生成长经历和我国的国情来看，我国青少年普遍缺少系统的劳动教育训练，大学之前的劳动基于繁重的学习压力而流于形式。长期与劳动实践的脱离使得学生养成了很多不好的习惯，如心理素质差、情绪控制差、拈轻怕重、不能吃苦、责任担当意识弱、人际关系紧张、协同意识差等问题。这些问题从根源来看与学生自小缺少系统的劳动教育有关,他们单纯从个人本位的角度思考问题、解决问题,单方面要求社会必须满足个人的需求,而个人对社会的义务则不予考虑。这些问题都可以通过加强劳动教育得到解决。劳动教育既需要个体的体力、脑力付出,也需要个人与他人建立良好的协作关系,而在劳动过程中,个人必不可少的体力付出、出力流汗可以释放体内积压的负面情绪,获得积极的情绪体验,所以说,劳动教育可以有效培养大学生的劳动态度、劳动习惯、劳动技能和劳动品德,使其树立正确的人生观、世界观和价值观,有效提升思想政治教育的精准性,为未来个人走向社会奠定坚实基础。

4. 有利于拓宽思想政治教育的实施路径

实践出真知,实干兴邦,社会主义是干出来的。高校开展教育工作绝不能仅仅只停留在教室和黑板,需要通过系统、全面、深入的实践来培养学生的生产技能、创新能力、社会责任感和担当精神。这些素养的获得只能通过理论教育和实践强化来完成。劳动教育的实践品格使其很容易融入高校教育的各个环节,成为连接理论知识和实践生产的纽带。大学不仅是学习知识的殿堂,更是增加才干、淬炼技能、培养职业精神和实干精神的关键阶段,处于新阶段的大学生既要在校园里勤奋学习专业知识、全面提升综合素养,练就过硬本领,更需要通过实践动手,了解国情社情,脚踏实地,勤奋学习,刻苦钻研,成长为基础知识扎实、实践能力突出、懂农业、爱农村、爱农民的新时代农科人才。

(二)劳动教育与思想政治教育融合的逻辑意蕴

1. 教育对象的一致性

高校劳动教育与思想政治教育都以大学生为教育对象,教育对象的一致性是劳动教育与思想政治教育基础。大学生正处于人生的关键时期,他们的世界观、人生观和价值观还未定型,对于社会的认知还不够全面。高校要坚持立德树人根本任务,以学生德智体美劳全面发展为目标,以科学课程设计、系统的内容衔接、全面的载体融合为媒介,全面培养学生认识社会的能力、服务社会的本领。劳动教育培养学生掌握马克思主义劳动观,通过课堂教学、个人自学、实践实验、生产实习等环节的培养,让学生付出大量辛勤劳动,体味劳动的艰辛,磨炼坚强的意志,热爱并尊重劳动和劳动者,懂得劳动最光荣、劳动最崇高、劳动最伟大、劳动最美丽,进入社会后能够辛勤劳动、诚实劳动、创造性劳动。思想政治教育是高校育人的主渠道,是学生行为习惯养成、成长成才的理论来源。高校思想政治教育是全面系统的教育,是由课程、科研、实践、文化、网络、心理、管理、服务、组织、资助十大体系构成的宏大育人工程。不论是劳动教育还是思想政治教育,都以大学生为教育对象,以了解并掌握大学生认知、学习的特点和规律为前提。加快推进劳动教育与思想政治教育的融合,能够整合育人力量,形成育人合力,实现育人效果的倍增效应。教育对象的一致性为实现二者的融合提供了基础。

2. 培养目标的同向性

高校思想政治教育以培养学生的理想、本领和担当为主要任务,将学生培养成为理想高远、本领强大、担当有为的时代青年是思想政治教育的价值归宿。思想政治教育是高校坚持社会主义办学方向,培养社会主义接班人的重要保证。思想政治教育着力于帮助学生解决信仰什么、坚守什么、为了什么、成为什么样的人的问题,是学生寻找自我价值、社会价值的重要窗口。劳动教育着力于解决学生理论学习与实践脱离的问题,破解知行不一的问题。通过学生自己的出力流汗、手脑并用,让学生通过自己的辛勤劳动解决思想上的难题,体会社会主义是干出来的、历史是人民创造的伟大意义,在实践中改造自己的思想问题,塑造健全的人格、磨炼坚强的意志、锤炼高尚的品格,自觉成长为担当民族复兴大任的时代新人。思想政治教育和劳动教育在育人成才目标上的一致性,增强了劳动教育与思想政治教育融合的可能性。

3. 教育内容的耦合性

思想政治教育是开展爱国主义、集体主义、社会主义教育的主阵地,包含思想道德与法治、马克思主义基本原理、毛泽东思想和中国特色社会主义理论体系概论、中国近代史纲要等课程,是学生系统接受理想教育、道德教育、法律教育、历史教育的主渠道。学生通过思想政治教育的系统学习,完善马克思主义和中国特色社会主义理论知识,形成对社会主义和共产主义的科学认知,辩证地思考社会现象和社会问题,形成理性思维，坚定社会主义道路自信、理论自信、制度自信、文化自信。劳动教育是高校教育体系的重要组成部分，着力于培养学生正确的劳动观和劳动态度，使之热爱劳动、尊重劳动人民，培育健康劳动情感。要通过系统完善的劳动教育，让劳动最崇高、劳动最光荣、劳动最伟大、劳动最美丽的观念内化；形成热爱劳动、辛勤劳动、诚实劳动，创造性劳动的劳动态度和劳动品质，淬炼精湛劳动技能，全面提升个人劳动素养。劳动教育对劳动者品质、技能和素养的要求、对劳动模范、行业精英的高度赞扬，既彰显了马克思主义的实践观点，又传承了中华民族勤劳的传统美德，是对传统文化的继承和发展。这一点与思想政治教育一脉相承。思想政治教育中关于马克思主义基本原理的教育必然包含着劳动价值、劳动精神和劳动教育的相关内容。教育内容的耦合性为劳动教育与思想政治教育提供了更多融合空间。

4. 教育路径的互补性

从教育方式上，劳动教育具有很强的实践指向，能够为思想政治教育提供补充。思想政治教育着重围绕学生的认知开展教育，侧重于理论教育和思想引导，以理论教育、谈心谈话等说服教育为主。劳动教育围绕树立马克思主义劳动观展开教育，以理论教育和实践养成为主要教育方式。劳动教育的实践环节既可以验证理论的正确性，还可以强化理论教育的效果。从实施领域来看，思想政治教育更着重于认知层面的改变，强调意识对物质的能动作用。劳动教育则是理论与实践双管齐下，是认知和实践层面的全面推进。所以，劳动教育能够弥补思想政治教育单一的教育方式，增强思想政治教育的厚度。思想政治教育丰厚的理论功底可以增强劳动教育理论深度，增强劳动教育中理论的厚度，提升劳动教育的科学性，从而更好地指导劳动实践。

（三）基于新农科建设的高校劳动教育与思想政治教育的融合路径

1. 依托原著经典，筑牢劳动教育理论根基

新农科教育的关键在于培养学生的劳动情感和担当情怀，引导学生下得去、留得住，扎根一线农村、一线产业，助力乡村振兴。这就需要

学生必须坚定马克思主义信仰，坚定实践的观点，解放思想，实事求是，用实际行动推动农业、农村、农民现代化。新农科教育既有思想价值层面的引导，也有技能层面的实践。扎实的马克思主义理论根基能够实现思想价值引导的事半功倍。

马克思主义一以贯之的主线是劳动价值和劳动教育，劳动教育的根本目标是培养学生形成马克思主义劳动观，掌握实践的根本要义，可以说，劳动教育是马克思主义在劳动教育领域的具体延伸。马克思主义基本原理是高校思想政治教育课程体系的重要组成部分，是对学生系统开展唯物史观、辩证法教育的主阵地。在马克思主义基本原理课程教学过程中，不可避免需要引导学生阅读马克思主义经典著作，在读原著、读经典的过程中仔细体悟马克思主义的科学性和先进性。劳动教育与思想政治教育的深度融合，就可以借助马克思主义基本原理经典著作的导读，引导学生系统学习马克思主义劳动观的发展过程和形成历史，了解马克思主义劳动观的内容组成和体系架构，强化马克思主义劳动观的理论根基。

2. 丰富教育内容和形式，实现劳动教育与思想政治教育内容融合

新农科建设背景下，高校劳动教育要围绕劳动价值观、劳动情感与态度、劳动关系、劳动伦理、劳动保障等内容展开，既要讲授劳动教育的基本内容，又要融入新农科的价值要义，做好对学生的"三农"情怀教育。在此背景下，劳动教育与思想政治教育的内容融合既要兼顾思想政治教育的理论知识，也要包含劳动教育的核心要点，更要融入新农科建设的重要内容，实现内容架构的优化组合。

第一，要实现劳动教育与思想政治教育理论内容的融合。思想政治教育包含高校所开设的所有思想政治课，是学生系统接受马克思主义教育的主渠道和主阵地，劳动教育中关于劳动价值观、劳动情感、劳动关系的内容产生于马克思主义，可在思想政治理论课中讲授关于劳动的内容，实现二者的有机融合，让学生在理解劳动的过程中深化对马克思主义的认知。

第二，利用劳动教育贴近生活、贴近实际的优势，创新教育形式，实现劳动教育与思想政治教育的形式融合。劳动教育既包括丰富的理论

知识，也包括多样态的教育形式，包括志愿服务、生产实习等实践性劳动，也包括劳动主题讲座、模范人物事迹报告等脑力劳动。劳动教育形式的多样性可以提升思想政治教育的亲和力和感染力，让学生贴近生活实际去了解高深的理论知识，深化理论学习的感悟。

第三，坚持大劳动教育理念，将劳动教育融入思想政治教育全过程和全场域，构建沉浸式教育环境。从入学到毕业，分阶段分群体做好融合教育，让学生在大学这一成长情境中全方位感受劳动之美丽、劳动之崇高、劳动之伟大、劳动之光荣，形成尊重劳动者、热爱劳动的深厚情怀。

3. 丰富教育渠道，实现劳动教育与思想政治教育渠道拓展

劳动教育的教学场所既有课堂中的理论讲授，也有实践场域的出力流汗。劳动教育场域的广泛性和包容性为拓宽教育渠道、增强教育效果提供了空间。

第一，探索建立多维课堂联动机制。高校课堂教学除了有第一课堂的理论教学，还包括第二课堂的校园文化活动、第三课堂的社会实践活动以及基于网络共享平台的第四课堂。多维度课堂教学实现学生教学全覆盖。从大思想政治教育的视角考量，高校劳动教育与思想政治教育的融合要整合教学资源，实现第一课堂、第二课堂、第三课堂与第四课堂有效衔接，形成全程陪伴学生、服务学生成长成才的劳动教育与思想政治教育融合工作机制。

第二，发挥教师的创新优势，依托新媒介开展教学研究工作。网络是学生活动的主要虚拟空间，在学生的学习生活中扮演着越来越重要的位置。教师可通过利用通信软件、教学软件、社交软件等与学生开展形式多样的劳动教育，可着重围绕劳动观、劳动关系、劳动情感、劳动保障、劳动伦理开展。通过师生的多重互动，提升学生通过网络获取有益资源的能力和水平。

第三，创新教学模式，实现线上线下混合式教学新尝试。线上课程具有实时性和便捷性，可以让学生随时可以学，线下课堂则构建了相对封闭的教学区域，通过启发式教学，可以达到头脑风暴的效果。劳动是

日常生活中常见的社会活动形式,与学生的学习、生活密切相关。通过引入社会热点劳动现象,让学生在短时间内开展讨论式教学,可以提升学生思维活跃度,起到良好的教学效果。

4. 创新教育模式,实现劳动教育与思想政治教育模式融合

传统的教学模式以学生听、教师讲为主要特征,这种模式下知识是一种单向流动。新时期开展劳动教育,可结合教学内容的变化,创新教育模式,坚持有选择地开放办学模式,让更多的元素活跃起来。

第一,采用学生主讲、教师点评的模式。劳动教育的核心是引导学生树立马克思主义劳动观,系统讲述马克思主义劳动观是劳动教育课程教学的重点内容,也是学生应知应会的重点理论。在教师完成系统讲授之后,组织学生结合社会现象讲述劳动价值观,让学生在教学材料的自我组织中充分理解劳动价值观的核心内容。

第二,扩大劳动教育教师主体范围,采用理论与实践双结合的教育模式。如在劳动关系和劳动情感板块,可以邀请行业精英、企业家走进课堂,与教师一起开展内容的讲述。教师的理论讲述与行业精英的实践材料相互印证,让学生通过近距离的接触、语言的感染和情感的传递,构建沉浸式的教学环境,在知、情、言的互动中实现良好育人效果。

第三,围绕劳动专题开展图片海报制作,全面丰富劳动教育的形式。劳动教育的学习遵循着理论学习、实践内化的过程。教师在课后练习中可安排学生制作相关主题的海报、图片等,让学生围绕核心主题开展材料整理,实现理论学习有收获、实践过程有提升、课后练习有强化的教育效果。

四、基于新农科建设的高校劳动教育与职业生涯教育及就业教育的融合

新时代加强高校大学生劳动教育是一项系统工程,需要着眼全局,统一布局,将劳动教育融入教学、科研、管理、服务各项工作之中,形成育人合力。面向大学生开展职业生涯教育和就业教育,是以学生就业为导向、以提升学生职业生涯规划管理能力为重点、以提升学生生涯满

意度为目标的综合性能力素养教育,是一项理论教育与实践教育相融合的重要课程。通过将劳动教育、职业生涯规划教育和就业教育相融合,进一步凸显劳动教育价值优势,强化实践指向和教育效果,进而实现立德树人教育目标。

(一)劳动教育与职业生涯教育及就业教育融合共生的重要意义

近年来,一方面,伴随着全球化和互联网技术革命的冲击,各行各业都发生了深刻而又剧烈的社会变革,社会对人才的需求种类越来越多元,对高端技术人才的需求越来越强烈,高校所能提供的符合社会需求的复合型高端人才较少。另一方面,高校扩招累积效应显现,越来越多的大学生开始感觉到就业压力,就业困难问题开始显现。高校作为连接社会产业与学校人才的桥梁,应直面当前就业存在的困难,加强高校内部职业生涯教育和就业教育,强化教育效果,促进学生顺利就业和个人价值的最大实现。实现劳动教育、生涯规划教育和就业教育的深度融合,全方位多角度提升学生就业能力,使其摒弃不合理观念,最终实现合理择业和顺利择业。

1. 劳动教育与职业生涯规划和就业指导的深度融合能够帮助大学生树立正确的就业观,做好科学合理的职业生涯规划

职业生涯规划教育主要是唤醒学生的职业生涯意识、培养学生的职业生涯管理能力,使其能够做出科学合理的职业生涯成长方案,实现个人全面发展与成才。劳动教育着重培养学生的社会主义劳动观,引导学生热爱劳动,懂得辛勤劳动、诚实劳动、创造性劳动的积极意义。劳动教育课与职业生涯规划课及就业指导课的深度融合具有积极意义:一方面,在劳动教育课中加强职业生涯规划和就业指导,可以清楚地了解学生的需求,根据学生的专业特点开展针对性的教育,让学生在接受职业指导的过程中深化对劳动的认知,端正劳动态度,从容面对就业压力,科学做出就业选择。另一方面,在就业指导课和生涯规划课中加强劳动教育,可以引导学生正确认知个人价值与社会价值、个人职业理想和社会共同理想之间的关系,从而树立正确的就业观,实现人力资源的合理配置。与此同时,职业生涯教育中关于职业理想信念、职业价值观与劳

动教育中的劳动观内容高度一致，都是从理论层面引导学生反思个人，观察职业世界，将个人职业理想与社会共同理想统一起来，在正确劳动价值观的基础上明确个人发展目标。

2. 劳动教育与职业生涯规划和就业指导的深度融合能够丰富课程内容，提升教学效果

劳动教育着重于引导学生形成社会主义劳动观，实现个人与社会的联结，更着重于从宏观层面探讨个人对社会的价值。职业规划教育更着重于个人与职业之间的联结，更着重于从微观层面探讨个人的价值。基于共同的教育对象，二者在教学内容、教学形式和教学方法上能够互补互动，提升教学效果。

第一，有助于提升生涯规划教育和就业指导教育的针对性。职业规划教育的主要目标是唤醒学生生涯规划意识、培养学生生涯管理能力，使学生把握好大学时光，做学业和未来的主人，养成自主学习、勤奋学习的好习惯。在职业规划和就业指导中融入劳动教育元素，能够加强教师与学生之间的良性互动，使教学内容与教学需求对应起来，形成职业规划教育与劳动教育融合长效机制，提升学生的学习获得感。

第二，优化教学方法，实现二者的互补互动。传统的生涯规划教育和就业指导多是通过理论教学、榜样示范、案例研读等方法进行，随着新技术新产业的发展，教学方法也必须要与时俱进，不断更新。劳动教育是围绕劳动开展的教育，对社会变革的敏感性强，具有丰富的教学形式。二者融合可以将劳动教育中好的教学方法引入职业生涯规划教育和就业指导中，提升职业规划教育和就业指导教育的时代性。

第三，实践强化是二者深度融合的落脚点。职业规划教育和就业指导教育依托劳动教育丰富的实践形式，引入职业性实践活动，不断提升学生个人素质，引导学生端正职业理想，提升职业能力，锤炼劳动品格。劳动教育与生涯规划教育及就业指导教育的融合，在教学内容上相互融合，在教学方法上互补互动，在实践环节融会贯通，体现了理论教育与实践教育相结合、显性教育与隐形教育相结合、课堂教育与体验教育相结合、学校教育与自我教育相结合的教育原则，在不断的实践中提升学生的认知水平和人生境界，以润物细无声的效果培育职业理想和职业道德。

3. 劳动教育与职业生涯规划和就业指导的深度融合能够实现教学资源共建共享，做强育人供给侧

劳动教育的理论内容可以为就业指导提供理论支持，劳动教育的师资力量可以成为就业指导和生涯规划的重要补充，劳动教育的实践环节可以为生涯规划和就业指导提供实践平台。因此，开展劳动教育与生涯规划教育的深度融合，有利于实现教学资源共建共享，做强育人供给侧。

第一，有利于创新劳动教育工作思路，确保生涯规划课和就业指导课的有序发展。在生涯规划和就业指导中发挥劳动教育的重要作用，就需要围绕学生实际开展教学指导，要充分挖掘学生每一阶段的不同需求和不同年级的教学重点，丰富教学形式，提升教学感染力，通过教学与实践的融合，帮助学生唤醒生涯意识，建立并完善职业生涯规划和可持续职业生涯发展理念，进而围绕大学四年开展职业生涯规划管理，明确生涯目标、制定生涯行动计划表，同时，通过不间断的实践不断优化生涯行动计划表，使学生把握当下，展望未来。

第二，有利于开阔职业规划教育的视角，在职业规划教育中引入劳动教育的内容，使教学内容跳出了"职业"这个小圈层，开始连接到社会生产和人类发展这个宏大圈层之中，有助于学生从更广阔的视角、更高的站位上思考个人成长发展与社会进步的关系，进一步了解市场经济变化对行业发展和职业发展的影响，从而进一步厘清目标职业的核心素养，强化行动意识，有助于学生主动培养职业理想、锻炼职业品质，铸造职业精神，打磨职业技能。学生既规划了对未来的美好期待，又肩负起了社会责任和人生理想，从而在正确世界观、人生观、价值观的指导下，稳定专业思想、提升学习兴趣、夯实专业能力，明大德、守公德、严私德，脚踏实地创造美好未来。

（二）劳动教育与职业生涯教育及就业教育相融合存在的问题

当前，国内不同学段对于劳动教育的贯彻落实程度不一致，各学段教育内容独立，互不衔接，学生接受劳动教育的水平参差不齐。随着就业问题越来越得到重视，高校在职业规划和就业指导方面投入的精力和资源也越来越多，但职业生涯教育和就业教育与劳动教育的融合还存在

不少问题。

1. 职业生涯教育和就业教育中缺少劳动教育的引领

当前,就业率作为高校"一把手工程"被置于非常重要的位置,为了更好地完成就业任务,保证学校就业率考核通关,学校配置了大量的资源到就业指导中,特别注重就业信息发布和就业率统计,力求高效有力地解决学生的就业问题,但对于贯穿于职业生涯的劳动却关注较少。劳动是学生实现个人价值的重要实践形式,也是学生就业求职的主要载体。高校对职业道德伦理、劳动法规、求职心理调适等关注的缺少,影响了学生的全面发展。当前,很多学生在求职时期待薪资高、压力小的工作,其背后折射的就是其没有形成正确的劳动价值观。也有的学生不停更换用人单位,多次违约,还有的学生在求职过程中急功近利等,都暴露出高校职业生涯教育和就业教育中劳动教育的缺失。职业贯穿个体一生,是个体社会价值和个人价值实现的依托载体,高校要引导学生在大学期间统筹谋划,科学规划。而要做到这点,就需要高校加强对学生劳动价值观的教育,引导学生诚实劳动、辛勤劳动。

2. 职业生涯教育和就业教育中缺乏劳动观教育

职业生涯教育和就业教育是高校开展学生就业辅导的主要内容,其中职业生涯教育主要面向学生,开展生涯规划辅导,侧重于引导学生对整个职业生涯进行展望,并对近期的职业选择进行科学规划。就业教育着重于教授求职技巧、简历与面试、劳动合同签订等求职必备技能。虽然二者的侧重点不同,但都强调人职匹配和专业对口等观念。这种对于专业和职位的过多强调往往忽视了劳动观这一核心育人要素。劳动是实现个人价值的手段,也是实现职业目标的必备要素。劳动教育是德智体美劳全面培养教育体系的出发点和落脚点,劳动教育能够使学生获得正确的劳动观念、劳动习惯、劳动情感和劳动精神,了解和懂得生产技术知识,掌握生活和劳动技能。[①]所以说,劳动链接了教育世界、职业世界和生活世界。在劳动教育中最核心的是劳动观教育,劳动观包括劳动观念、劳动习惯、劳动情感和劳动精神,职业规划教育和就业教育单单围

---

① 董逸梅.小学生劳动教育的问题与对策研究[D].广州:广州大学,2020.

绕就业、职业开展，缺少劳动观的渗透教育，使得职业生涯教育和就业教育仅仅停留在围绕就业谈就业的层面，无法着眼于人才发展的全局，使得很多学生在签订初次就业协议后毁约，到岗后缺少协作精神，岗位适应性差等。

3. 职业生涯教育和就业教育中缺少劳动能力培养

当前，高校关于职业生涯和就业指导的课程多以课上理论教学为主，没有实践教学环节，不能实现理论教学与实践教学的有效融合。在教学过程中，虽然讲授一些就业形势、就业政策等内容，但多是泛泛而谈，缺乏科学和规范的解读。由于职业生涯教育和就业教育课时少，内容多，使得教师在教学设计和准备中往往结合自己的理解选择重点，缺少对学生进行必要的调研，对学生的就业期望、课程目标、就业方向、未来发展和职业规划等方面的认知不足，忽视了学生成长发展的真实需要，使得教育的针对性不强，教育效果不佳。劳动技能水平与个体价值成正比，而劳动技能的获得需要科学的理论指导和有效的实践强化，职业生涯教育和就业教育整个教学环节缺少对劳动技能的培养和考核评价，不能真正帮学生解决就业困难问题，不利于就业能力的提升和优化。

（三）劳动教育与职业生涯教育及就业教育相融合的原则

1. 协同性原则

高校劳动教育课由教务处协同各学院完成，一般由专业教师担任劳动教育课教师。职业规划和就业指导课程则由学校就业指导中心统一安排，一般由专职辅导员来完成相关课程的教学任务。要实现劳动教育与职业规划和就业指导的深度融合，就必须要加强协同性建设。首先是加强部门协同，实现教师师资和教学内容的共建协同，保证良好的教学供给侧队伍。其次是加强教学阶段协同，根据教学对象的不同阶段，分阶段有重点开展教育，如，在大一大二时，重点做好劳动理论教育和职业生涯理论指导，在大三、大四则通过强化劳动意识和劳动实践，让学生根据实践经验不断调整职业生涯规划内容，做到科学、合理、有效。通过深度协同实现劳动教育和职业规划、就业指导的融合共生，实现共同教育、共同进步、共同提升，共同助力高校人才培养目标的实现。

2. 贯穿性原则

劳动教育和职业生涯教育与就业指导教育是面向整个大学阶段的教育，要根据学生所处的不同阶段进行分类引导，将劳动教育融入职业生涯和就业指导的全过程，对学生进行全面系统的引导，实现你中有我、我中有你。职业生涯作和就业指导作为学生从未接触过的课程，可依托劳动教育的形式进行导入，进而让学生根据自己的实际经历去理解何为生涯、何为职业、何为就业。同时，在学生对职业、生涯和就业有了充分的认知以后，对学生开展职业、就业中的劳动情感、劳动态度、劳动价值教育，更好实现二者的融入互动。

3. 全程性原则

要在大一新生入学之初，就将劳动教育元素融入各种教学服务管理之中。同时，随着年级的增长，劳动教育的内容也在逐步延伸到社会实践、就业实习、课程实习中，形成良好的劳动教育氛围。就业是大学生实现角色转变的重要载体，也是个体价值实现的主要方式，更是检验高校劳动教育课程教学效果的重要指标。要坚持劳动教育贯穿大学教育的全过程，职业规划教育和就业教育融入教学全过程，实现教育阶段全覆盖。要根据每一阶段的不同学习内容和实践内容，科学巧妙地融入，实现劳动教育的目标和就业教育的熏陶。如面向低年级学生开展的职业规划大赛，鼓励同学们寻找职业标杆人物并进行访谈，这种实践性活动强化了学生对于职业、行业的认知，也让学生在实际的寻找和发掘中付出了体力劳动和脑力劳动，实现二者的有效互动。此外，也可以通过先进事迹报告、专题技能培训、劳动模范讲座等形式，强化学生的责任感和使命感，引导他们端正态度，提升职业技能。因此，将劳动教育和职业生涯教育与就业指导教育相结合，不仅可以实现沉浸式教育效果，还能起到鞭策和刺激功效。

（四）劳动教育与职业生涯教育及就业教育相融合的实践路径

帮助学生建立对劳动的科学认知，使其树立正确的劳动观念，形成良好的劳动习惯，提升其动手操作的劳动实践能力是劳动教育的基本目标和主要内容,可以说,劳动教育联结了教育世界、生活世界和职业世界。职业生涯教育和就业指导教育要在劳动教育的基础上,让学生充分利用劳动教育的相关知识和能力,做好个人职业规划和就业准备,从而顺利地将所学的理论知识转化为实践。在实践规划中体验诚实劳动、辛勤劳动、创造性劳动的内涵与价值。新农科教育旨在通过培育"新农人"推动国家农业现代化。这一目标的实现需要大量的诚实劳动、辛勤劳动和创造性劳动,这也是基于新农科建设开展劳动教育与职业生涯教育和就业指导教育深度融合的根本点,更是开展劳动教育的本质要求。可以说,劳动教育是职业生涯教育和就业教育的起点和归宿,通过劳动教育与职业生涯教育及就业教育的深度融合,可以切实提升学生求职就业能力和生涯管理能力,为社会培养更多高素质后备劳动者。结合新农科建设实践,劳动教育与职业生涯教育及就业教育深度融合,可以从以下几个方面着手。

1. 加强劳动教育与职业规划教育及就业指导教育价值理念的融合

农林专业大学生既是未来社会的就业主体,也是未来农业建设发展的主力军。引导农林专业大学生明确劳动教育的重要意义,明确劳动在创造历史和人本身中的积极作用,从而能够热爱劳动,在进入工作后能够辛勤劳动、诚实劳动、创造性劳动,通过劳动实现树德、增智、健体、育美。在体悟劳动社会意义的基础上,确立正确的劳动价值观,摒弃不合理的就业信念和就业偏好。在选择工作时从实际出发,不好高骛远,也不妄自菲薄;在选择工作时,不过分偏好智力劳动,也不排斥体力劳动;不将劳动报酬视为评价工作好坏的唯一标准,将个人价值与社会需求结合起来,辛勤劳动、艰苦奋斗、淡泊名利、勇于创新,培养能吃苦、能安心、能奋斗的良好劳动习惯,全面提升就业素质,提升就业竞争力和生涯管理能力。如在对农林专业学生开展专业思想教育时,既让大学生看到农业产业就业的劣势,也让学生看到农业产业发展的光明前景,让学生深刻体悟农业现代化与国家现代化的密切关系,深刻感受到自己的使命责任,从而安心学习、勤奋学习,不断增强专业学习的主动性和积极性，把自己培养成德智体美劳全面发展的新农科人才。

2. 加强劳动教育与职业规划教育及就业指导教育意识的引导融合

立德树人是高校的根本任务，也是高校一切教育工作的出发点和落脚点。在社会生产力极大解放的今天，物质生活丰富多彩，人民对美好生活的追求同不充分不平衡发展之间的矛盾成为社会的主要矛盾。然而，物质生活的丰富一方面可以带来丰富的感官体验，另一方面也容易消磨斗志。劳动教育就要引导学生看到生产发展的不平衡与不充分，引导学生更科学地去认识创造与劳动、职业与劳动的关系，鼓励他们发挥自身的智慧与能力去创新，开辟更多新的就业路径。在具体的实践过程中，学校可以结合专业特点，邀请企业家、产品经理、研发等产业一线精英开展成长报告会，让学生近距离接受榜样的激励。同时，积极邀请全国技能大赛冠军、养殖高手等一线产业工人讲述他们岗位的社会价值，让学生对于劳动有着更加宏大的认知和更加真实的感受，从而获取成长的动力。在榜样示范带动的同时，积极开设相关的实践比赛，通过以赛促学，加速价值的内化与吸收。通过专业教育、职业教育与劳动教育的深度融合互动，让学生感受到劳动最光荣、劳动最崇高、劳动最伟大、劳动最美丽的真谛。

3. 加强劳动教育课与职业生涯教育课及就业指导课课程体系的深度融合

课程建设是高校开展育人工作的重要内容，也是高校育人的重要文本。劳动教育与职业生涯教育及就业指导作为高校的三门课程，必然有着自身的课程体系。要实现劳动教育与职业生涯教育及就业指导教育的深度融合，必须要开展基本的课程体系融合，包括课程资源、师资力量、内容设计、教学实践等环节，这是实现二者融合的基础工作。

第一，坚持社会主义劳动价值观指导的原则。劳动价值观是劳动教育的核心内容，也是对于"培养什么样的人、为谁培养人、怎么培养人"的回答。职业生涯教育及就业指导教育是以提升学生职业生涯管理能力和就业能力为目标，其归宿是学生顺利进入社会后的角色转换和调适，最终归结于通过辛勤劳动、诚实劳动、创造性劳动获得个人价值和社会价值的实现。换言之，职业生涯教育及就业指导教育的最终落脚点是引导学生热爱劳动，通过辛勤劳动、诚实劳动、创造性劳动实现个人价值与社会价值。因此，用社会主义劳动观指导职业生涯教育及就业指导教育是实现二者深度融合的第一原则。

第二，坚持劳动教育统领职业生涯课和就业指导课的原则。如在劳动教育课中向学生普及社会职业分类、就业形势等基本知识，让学生明白职业身份平等的道理，从而培育科学、合理的职业选择理念。进而结合农学专业特色开设专业性的职业生涯课和就业指导课，引导学生积极响应国家新农科建设的号召，正确认识农业全产业链发展，顺应时代发展大势，做好科学规划。

第三，坚持实践第一的原则。实践是检验真理的唯一标准。不论是劳动教育课还是职业生涯教育及就业指导课的理论教学内容，都需要在实践中验证，在验证中不断内化为个人的能力和素质。

4. 加强劳动教育与职业规划教育及就业指导教育能力体系的深度融合

劳动是人类社会的基本形式，是劳动教育实践的外化形式。劳动教育是基础性教育，贯穿高校育人全过程，其教育内容丰富，教育形式多样。高校劳动教育与职业生涯教育及就业指导的深度融合，其落脚点在实践环节，要让学生通过丰富多彩的劳动实践检验生涯规划理论，调整职业期待，形成合理的职业信念。根据劳动的内容，一般将劳动分为生产技术劳动、社会公益劳动和自我服务劳动。其中生产技术劳动主要是参与社会性生产活动，在生产过程中掌握一定的生产技术，积累一定的生产经验。如学生大学期间所参加的专业实习和毕业实习，一般都包含着必要的生产技术劳动。社会公益劳动主要是参与志愿服务活动，在活动中帮助他人，回报社会，了解社情民意，培育公德心和社会责任感。如在人才培养方案中设定最低服务时长的限制等。而自我服务性劳动着重于个人生活技能方面，是个人适应社会的重要能力。劳动教育与职业规划教育及就业指导教育最重要的交叉点在第一课程的专业教育，围绕专业开展劳动实践和生涯规划指导，更能提高生涯规划的可行性和科学性，如生产技术劳动中的专业实习，学生通过亲身参与、一线观察，可以形成对未来职业全貌的认知和了解，同时，实习过程中形成的劳动习惯、劳动观念以及内化的劳动技能将对学生未来的职业选择产生深远的影响。

高校在开展劳动教育的过程中，通过与职业生涯教育及就业指导教育内容的融合共建，构建沉浸式劳动教育体系，让学生体会劳动的快乐和价值，进而使其形成正确的劳动观念，增强职业生涯管理意识，培育合理的职业信念，孵化优秀创业品质，为培养全面发展的社会主义建设者和接班人提供助力。

五、基于新农科建设的高校劳动教育与创新创业教育的融合

2020年3月，《中共中央国务院关于全面加强新时代大中小学劳动教育的意见》提出"围绕创新创业、结合学科和专业积极开展实习实训、专业服务"。①《国务院办公厅关于深化高等学校创新创业教育改革的实施意见》要求高校要根据人才培养定位和创新创业教育目标要求，促进专业教育与创新创业教育有机融合，调整专业课程设置，挖掘和充实各类专业课程的创新创业教育资源，在传授专业知识的过程中加强创新创业教育。不论是劳动教育还是创新创业教育，都提出了"二者结合、共同培育新时代劳动者"的时代命题。基于此，开展劳动教育与创新创业教育的深入融合，实现创新创业教育与劳动教育同频共振，打造升级版创新创业已成为高校进行创新创业改造升级的必经之路。

（一）劳动教育与创新创业教育内涵上的融合共生

伴随着科技革命的深入发展，产业变革带来劳动的新样态，培养科学精神、提高劳动者创新能力是当前劳动教育的着力点。对于创新创业教育而言，探索全产业链人才培养新机制、强化创新创业实践训练，培养高素质创新创业人才队伍是当下创新创业教育的重点内容。劳动教育与创新创业的深度融合发展契合二者的工作指向，是培养全面发展的社

---

① 中共中央国务院关于全面加强新时代大中小学劳动教育的意见[N].人民日报，2020-03-27（1）.

会主义建设者和接班人的创新举措。

创新创业教育是创造性劳动的集中体现，是推动劳动教育全面落地的关键一环。创新创业教育有着以培养具有创业意识、创业能力、创新精神和社会责任感的开拓型人才为目标的新型教育模式与教育理念，其核心内容和价值诉求是培养人才，培养大学生的"大格局"，使之能够担当起民族复兴的大任，具备完成中华民族伟大复兴的知识、技能和特质。创新创业教育不仅是高等教育主动适应经济社会发展的迫切要求，也是高等教育自身改革发展的迫切要求，是新时期大学生素质教育的新突破，是高校人才培养模式的新方法、新探索。[①]可以说，高校深入开展创新创业教育是高校顺应社会变革、回应社会需求的重要体现，也是高校落实立德树人根本任务、创新人才培养理念、改革人才培养模式的题中之义。

高校劳动教育是顺应新时代劳动发展趋势，对大学生进行系统的劳动思想教育、劳动技能培育与劳动实践锻炼，全面提高大学生劳动素养的过程，其目的是引导新时代大学生在劳动创造中追求幸福感、获得创新灵感，培养具有社会责任感、创新精神和实践能力的高级专门人才。[②]通过对劳动教育概念的界定，我们可以发现，劳动教育既可以看作是"关于劳动"的教育，[③]如包含劳动理论、劳动情感、劳动技能、劳动习惯养成等内容，也可以理解为"通过劳动"的教育，即通过实际的亲身劳动，让学生在劳动中流汗，全面提升认识，提高综合素质。所以，完整的劳动教育应包含"关于劳动"的教育和"通过劳动"的教育两个方面。既强调知识技能教育，也强调实践锻炼教育。[④]

从劳动教育和创新创业教育的内涵可以看出，二者都是新时代高校人才培养体系的重要内容，是高校解决人才培育与社会需求之间关系的

---

① 刘丽红.行业特色院校创新创业教育的实践路径——以中国劳动关系学院为例[J].中国高校科技，2018（7）：72-73.
② 曲霞，刘向兵.新时代高校劳动教育的内涵辨析与体系建构[J].中国高教研究，2019（2）：73-77.
③ 刘丽红，曲霞.论高校创新创业教育与劳动教育的同构共生[J].中国青年社会科学，2020，39（1）：103-109.
④ 刘丽红，曲霞.论高校创新创业教育与劳动教育的同构共生[J].中国青年社会科学，2020，39（1）：103-109.

一种工具手段，都强调面向新形态劳动所必需的创新思维、创造劳动，注重培养学生的社会责任感、创新精神和创新能力。

基于此，我们可以看出，在新时代背景下，劳动教育和创新创业教育已经共同迈向一种更加广泛和包容的概念。第一，二者的核心价值一致，都强调创新的重要作用。劳动教育的基本价值是引导学生诚实劳动、勤奋劳动、创造性劳动，创造性劳动是劳动教育的最高层次，其本身就是创新创业教育的落脚点。第二，二者的教育形式一致，都需要通过实践完成教育内容。不论是劳动教育还是创新创业教育，都需要学生在实践中砥砺品格、磨炼意志，在练中学，在学中练。第三，二者的终极价值一致。不论是劳动教育还是创新创业教育，归根结底都是为了提升劳动者的素质，培养德智体美劳全面发展的社会主义建设者和接班人。

因此，从某种程度上看，创新创业教育可以理解为高校劳动教育的新模式。每个学生都是不同的个体，在思想意识、专业知识、学习能力、兴趣爱好、心理品质等方面都存在差异。[①]因此，在大学生走进职场之前的大学阶段，高校要着重培养学生的职业劳动素养，以提升学生未来的职场适应力。从这个角度来看，劳动教育又可以分为提升就业素养的劳动教育和提升创新创业素养的劳动教育，后者则是创新创业的核心价值所在。

（二）劳动教育与创新创业教育深度融合的价值

1. 创新创业教育是劳动教育落地的关键点

高校作为重要的教育场所，其所有的领域都是劳动教育的场域之一，其所有的元素都发挥着育人功能。

第一，创新创业作为高校培养创新人才的重要支持体系，其与劳动教育目标的不谋而合使其成为重要的劳动教育场域之一。创新创业教育既有丰富的理论教学内容，也必须要有扎实的实践训练，这一属性决定了创新创业教育必然是劳动教育的场域之一。劳动教育以课外生产劳动、

---

① 刘丽红.加强大学生职业生涯规划指导　实现精准就业[J].中国高等教育，2018（6）：44-45.

社会实践为着力点,通过有计划、有目的的生产、生活和服务性劳动,让学生走出宿舍、走出网络、走出课堂,通过动手动脑、流汗实践,磨炼意志,淬炼品格。从沸腾的现实社会中寻求进路,坚持劳动教育与社会民生关切相融通,与时代变革、经济腾飞所需相呼应。① 以培养各类创新人才为目标的创新创业教育契合了劳动教育的人才培养目标,都是引导学生突破传统的校园界限,走向无限的社会空间,服务经济社会发展进步,这种特点也使得创新创业教育推进劳动教育落地生根。

第二,创新创业教育是劳动的新形态,丰富劳动教育的内涵。在数字经济时代,人工智能、大数据、云计算等社会热词彰显时代特征,与其相伴随的产业催生了新形态的劳动——智慧型劳动。这种劳动形态的变革必然带来教育方式和教育内容的变革。培养学生发现问题、解决问题、创新创造,在理论知识和实践运用这一层面实现劳动教育创新创业教育的价值共鸣。

第三,创新创业教育有助于推进劳动教育的价值深化,培养德智体美劳全面发展的社会主义建设者和接班人。劳动教育除了培养基本的劳动技能和劳动情感外,更着重于培养学生开展创造性劳动,实现个人素养、能力、知识的完善。创新创业教育是国家在国与国之间核心竞争力的高度上培养具有原创能力的高素质人才,其背后隐藏着对创造性劳动的重视。二者在价值诉求上的高度一致使其融合能够实现双赢。

2. 劳动教育是创新创业教育目标价值实现的助推器

高校最重要的工作就是育人,即培养适应社会需求的高素质人才。因此,高校劳动教育既可以开展关于职业素养的劳动教育,也可以开展关于创新创业素养的劳动教育,后者是创新创业的目标价值所在。因此,劳动教育的实践品格和丰富内涵有助于创新创业教育的落地生根。

第一,劳动教育可以促进大学生劳动素养的沉淀。劳动教育提升青年学生的劳动素质和劳动技能。系统的劳动教育既包含着与未来职业密切相关的专业技能,也包含着劳动法规、劳动权益保护、劳动伦理道德等知识性内容,前者是学生开展创新创业的起点和出发点,后者是学生

---

① 石路,明芳.列宁青年劳动教育思想及其新时代启示——纪念列宁诞辰150周年暨《青年团的任务》发表100周年[J].中国青年社会科学,2020,39(4):74-80.

开展创新创业规避风险的重要指南。

第二，劳动教育有助于锻造学生的实践品格。劳动教育的过程就是学生运用自己掌握的理论知识开展实践的过程，在这个过程中，理论指导了实践，实践检验了理论，真正做到知行合一。劳动目标的实现坚定了学生攻坚克难、踏石留印的勇气和决心，在劳动中砥砺品格，磨炼意志，体悟真理，增长本领。这种优秀的品质也是开展创新创业实践的必备素质。

第三，劳动教育有助于涵养劳动精神，培养正确的创新创业观。劳动教育既有显性技能培养功能，也有隐性教育功能。①劳动教育的过程是学生感悟真理、检验真理的过程，有意识地系统引导能够让学生坚定劳动最光荣、劳动最崇高、劳动最伟大、劳动最美丽的信念，从而树立勤俭勤劳、求真务实的实干作风，勇挑重担、攻坚克难的担当和毅力，有序分工、团结协作的团队精神，这些品质都是科学创新创业观的重要组成。

3. 劳动教育与创新创业教育结构关联，同构共生

所谓同构共生，是指两个系统之间在某些结构上具有相对的一致性或可相互借用的共同要素，且两者之间存在积极的相互依存关系，并通过相互影响形成新的结构，达到互利共生、共同发展的效果。也即是说，结构上具有相对的一致性或可相互借用的共同元素是同构共生的前提条件。②劳动教育与创新创业教育既有内在的价值一致性，也有构成体系的高度趋同性，这种高度相似性使劳动教育与创新创业教育在客观上具备了相互融合、同构共生的可能性。

第一，教育目标互利共促。创新创业的本质是培育企业家精神③，这要求学生既要有创新精神、敬业精神、合作精神，也要有社会责任感和担当精神，这与劳动教育中的诚实劳动、辛勤劳动、创造性劳动不谋而

---

① 雷虹，朱同丹.以学生为中心视域下高校劳动教育的意蕴解读及路径选择[J].黑龙江高教研究，2020，38（3）：134-138.
② 瞿国华."同构共生"：师生自能发展的理想境界[J].现代中小学教育，2008（11）：65-68.
③ 刘丽红，曲霞.论高校创新创业教育与劳动教育的同构共生[J].中国青年社会科学，2020，39（1）：103-109.

合，异曲同工。

第二，教育内容互联互补。劳动教育的内容包括劳动思想教育、劳动知识技能教育和劳动实践锻炼，其中劳动思想教育特别强调对学生开展马克思主义劳动思想、习近平总书记关于劳动的重要论述和新时代劳动价值观等内容的教育，引导学生认知劳动的永恒价值。劳动知识和技能教育着重于学生专业技能教育和劳动科学知识教育，[①]更侧重于职业劳动层面。而劳动实践则是将劳动教育与第二课堂相结合，开展丰富多彩的实践教育活动，在实践中培养积极的劳动情感和正确的劳动价值观。创新创业教育的内容涉及知识、能力、品质和本领四个方面，强调素养和能力双提升。劳动教育的三个维度和创新创业的四个板块具有共同点，必要的劳动技能和劳动科学知识是创新创业的基础，深厚的劳动情感和劳动价值观也与创新创业教育所培养的企业家精神相一致，所以说劳动教育与创新创业教育在教育内容上存在互补互促。

第三，教育方法上共通共用。不论是劳动教育还是创新创业教育都强调在"做中学"，强调实践的第一位，着重于在实践中磨炼意志、增长才干。

第四，师资上的共用共享共建。不论是劳动教育还是创新创业教育都强调理论素养和实践技能扎实的全能型教师，这种类型的教师通常具备完整的学历教育、扎实的科研素养和丰富的产业经历，他们自身的阅历不论是培养合格的劳动者还是创新创业人才都具有很强的适用性。

（三）劳动教育与创新创业教育深度融合的理路

1. 思想逻辑：从职业活动属性到职业劳动本质的回归

创先创业教育的终极目标是培养具有创新意识的行业引领者、创业者，一方面他们具备创新思维，在进入工作岗位后能迅速适应；另一方面他们能够响应时代的号召，通过创新性活动抓住时代的"风口"，把准时代的"风向"，做出新的作为。从创新创业教育本身的教育目标来看，不论是适应职业岗位还是创造职业岗位，归根结底都具有职业性，

---

① 刘丽红，曲霞.论高校创新创业教育与劳动教育的同构共生[J].中国青年社会科学，2020，39（1）：103-109.

这种职业性在创新创业教育方面，只是教育行为的外化，是一种教育行动，也是一种职业活动。因此可以说创新创业教育在本质上是一种职业教育。职业是一个名词概念，强调的是其社会性，对其价值的评估多依据附着在职业上的职业行为。劳动教育既是"关于劳动"的教育，也是"通过劳动"的教育，[①]劳动是贯穿其中的主线。从语法来看，"劳动"既可以作为一个动词，也可以作为一个名词，作为动词，指的是主体通过身体开展的一系列指向特定目标的行为集合。作为名词指的是一系列指向同一目标的行为的集合。因此，劳动是由一系列动作行为动态组成的，既包含了个体的态度、情感，也包含了个体的行动、体力和意志。职业作为一种社会性活动，包含着主体的行动，因此职业和劳动是密不可分的组合，职业必须要经由适量的劳动才能实现职业目标。创新创业教育的职业性特征与劳动教育的"劳动"高度契合，二者的融合是一种静态的、平面的职业活动向动态的、立体的职业劳动的升级，其最终目标都是为了创造美好生活，实现人的全面发展。

2. 行动逻辑：从一维单向育人到多维协同育人

协同论认为，客观世界是由具有深刻相似性的各种系统所构成，它们之间总是存在某种影响或联系。[②]通过自小到大系统的劳动教育，使学生成长为辛勤劳动、诚实劳动、创造性劳动的人，培养具有劳动意识、劳动情感和劳动能力的社会主义建设者和接班人。创新创业教育则是培养具有创新思维和创业意识的公民。两者的共同目标在大学生群体上交汇。从微观上说可以提升高校的人才培养质量，从宏观上看，有利于提升公民核心素养，培养德智体美劳全面发展的社会主义建设者和接班人。其实，"核心素养"一词在我国多次被提出，在我国学生发展核心素养的"实践创新"素养维度中就明确提出了要培养学生的实践能力、创新意识和行为表现，而其中的一个关键要点就在于劳动意识和问题解决能力的培养。[③]可见，劳动教育和创新创业教育高度的价值一致使得他们能

---

① 宋紫月.论新时代高校劳动教育的内涵、价值及发展策略[J].新西部，2020（18）：98，149-151.
② 白洁，于泽元.学校课程实施协同主体建构研究——协同论的视角[J].国家教育行政学院学报，2020（5）：76-81.
③ 赵婀娜.今天，为何要提"核心素养"[N].人民日报，2016-10-13（20）.

够相互促进，协同发展，因为劳动教育和创新创业教育分属于人才培养系统的不同子系统，如果协同作用发挥得好，就可以起到整体大于部分的效果，如果协同作用发挥得不好，则会影响系统的运转效率，破坏整体的功能。因此，高校在落实立德树人这一根本任务的过程中，必须要统筹协调各方资源，形成协同育人合力，这也是劳动教育与创新创业深度融合的行动逻辑。

3. 资源逻辑：从碎片化独立发展到系统性全面发展

全面发展是智力、体力、精神、道德、情感等在内的劳动能力与社会关系的和谐发展。全面发展的前提是人个性的全面发展，而这包括独立自主、自觉能动和创造性的发展。[1]不论是劳动教育还是创新创业教育，都是教育体系的重要组成部分，归根结底都是为了人的全面发展。在教育资源优先的情况下，高校要着眼于人才培养的全局，克服资源孤岛，从人才全面发展的大局出发，统筹定位、精准策划，实现教学内容互联、教育方法共通、教学师资共建共享，将劳动精神、创新理念贯穿高校育人全过程，培养学生积极学习、勤奋学习、主动思考的能力，使学生从体力到脑力、从道德到精神，实现全面充分的发展。

（四）劳动教育与创新创业教育深度融合的实践路径

要做到以劳创新，就必须要把劳动教育融入创新创业教学全过程，不断提升劳动教育的工作水平。一方面，劳动教育能够增强创新创业的普适性。当前国内的创新创业的教育尚处于起步阶段，理论研究、案例积累、模拟演练、实践教学等各个环节都处在不断摸索积累的过程中，有以赛促创的，也有以业促创的。但这种活动的参与面窄，并不能实现全员覆盖。将劳动教育融入创新创业教育中，能够增强创新创业的亲和力，使得创新创业更接地气，提升创新创业教育的覆盖面，有助于为创新创业把好方向之舵。另一方面，劳动教育可以增强创新创业教育的实效性。将劳动教育纳入创新创业体系，一则引导学生树立正确的劳动意识，对大学生的创新意识、创业精神起着启蒙、升华作用。二则可以通

---

[1] 李馨宇，杨爱萍.新时代高校劳动育人的三重维度[J].沈阳师范大学学报（社会科学版），2020，44（3）：40-45

过实践总结与分享，结合现实案例分析大学生创业心理和创业特征，从而有针对性地开展劳动实践教学。可以说劳动教育和创新创业教育高度统一，劳动教育与创新创业教育内在价值的一致、外在结构的共生，使其具备相互融合的条件和机制，只有二者深度融合，才能协同发展，形成育人合力，助力推进高等教育改革，提升学生创新素养和创新能力。结合新农科建设实际，本部分对劳动教育与创新创业教育融合进行了如下深入实践探索。

1. 以统一的教育目标为指引，勾勒劳动教育与创新创业教育价值谱系

为劳动教育和创新创业教育设立统一目标，即将创新创业教育的培养目标设为劳动教育的时代目标，将劳动教育目标作为创新创业教育的价值内核。基于这样一种人才培养目标的设定逻辑，以热爱劳动、辛勤劳动、诚实劳动、创造性劳动为基设定创新创业教育目标，即在培养勤俭节约、锐意进取、勇挑重担、勇于担当的新时代劳动者基础上，培养对接时代发展、适应劳动新形态的智慧型创业精英。换言之，劳动教育与创新创业教育的深度融合就是面向全体学生开展以积极劳动价值观为基本目标、以创业精神、创造性劳动为进阶目标的新型人才培养模式。基于新农科建设实际，学院着眼于立足广东、面向南海的发展规划，以培养现代渔业创新人才为目标，统筹规划学科发展和人才培养，构建全员参与、全过程管理、全方位服务的育人新格局。面向全体学生开展的"新农人"培育计划，就是要培养学生的"三农"情怀，培养下得去、留得住、懂技术、会创新的"一懂两爱"新农科人才。要实现这一目标，必须要着眼于培养学生勤奋劳动、诚实劳动、热爱劳动的劳动品质，让学生在劳动中升华责任与担当，在推进农业、农村、农民现代化过程中实现个人的理想与追求。

2. 以"创新创业+劳动教育"的课程体系为支撑，实现劳动教育与创新创业教育内容共建

劳动教育和创新创业教育作为面向全体学生开设的必修课，必须要以人才培养目标为指引，全面做好课程建设，实现课程层面的"守望相助"，实现相互支撑、相互促进、共同进步的效果。高校创新创业教育

一般包含三个层次,即通识性的创新创业教育、嵌入式的创新创业教育和精准化的创新创业教育。

第一,面向通识性创新创业的劳动教育融入,这一阶段除了基本的创新创业启蒙课程外,还要融入劳动教育通识课程,让创业和劳动的理念融入学生的启蒙教育中,培养基本的创新思维和劳动情感。第二,面向"嵌入式"创新创业教育的劳动教育融入。"嵌入式"创新创业教育的内容基于专业和学科特点,着重强调基于专业的创新创业教育。这一阶段劳动教育着重于劳动伦理品德、劳动法规和行业发展趋势等内容,让学生更多进行有关本专业的创新创业思考,"识别创业机会,预测创业风险,强化创业管理"[①],以更好地开展创造性劳动。第三,面向精准化创新创业教育的劳动教育融入。这一层次的融入主要面向有创业意愿的学生开展创造性劳动实训,每一位创业学生都是生动的创造性劳动案例,是创业教育和劳动教育融合的具体体现。

3. 以全局性实践训练为牵引,实现劳动教育与创新创业教育并驾齐驱

劳动教育和创新创业教育都强调在"做中学",强调学生"在场"和躬身实践,这种实践性应该是系统性、分阶段的层层递进,通过大量的亲身劳动实现劳动价值观的涵养、劳动技能淬炼和劳动情感深厚。这种系统性、分阶段层层递进的劳动实践需要科学设计、系统组织,在设计中将劳动教育和创新创业的理念、价值、知识、能力贯穿进去。第一,全面梳理大学生实践的类型和内容,按照内容进行融合式设计,为不同类型的活动提供不同的实践体验。根据新农科建设实际,可安排上中下游产业实践岗位,让学生感受全产业链的概念。第二,完善创业实习岗位,让学生真正进入企业,体会不同岗位角色带来的刺激和感悟,学会观察和反思。第三,为每一位进入企业开展实训的学生寻找企业导师,通过一对一的帮扶指导,引导学生更加深入系统地了解企业的概念、架构和生产管理。第四,引导学生进行创业实践模拟训练,以参加国家级创业大赛为契机,实现以赛促学、以赛促创。

---

① 刘丽红,曲霞.论高校创新创业教育与劳动教育的同构共生[J].中国青年社会科学,2020,39(1):103-109.

4. 以层次化培训为抓手，实现劳动教育与创新创业教育师资双提升

不论是劳动教育课还是创新创业教育课，都具有很强的跨学科、跨领域的特点，这就要求在师资配备上具有多元化、丰富性的特征。担任该课程的老师既要有扎实的专业理论知识，还要具备扎实的实践技能，同时又必须具有积极的劳动情感和较强的创新意识。基于劳动教育与创新创业教育内在价值和外在结构的相似性，结合新农科建设实际，我们着力从几个方面强化了劳动教育与创新创业教育师资培训。

第一，将劳动教育的劳动思想教育和创新创业教育知识结构纳入日常师资培训内容，从理论知识层面推进教师劳动教育与创新创业教育的"扭合力"，从而使得教师在进行劳动教育或者创新创业教育时能够进行系统的理论知识教育，挖掘和激发学生的创新潜能，培养学生的首创意识和创新创业能力。

第二，开展专任教师训练计划。选拔优秀的专业教师、辅导员和管理人员担任劳动教育课和创新创业课专任教师，从系统培训、实践操练环节进行强化，为学生提供优质的劳动教育和创新创业教育。

第三，积极拓宽师资渠道，着力发挥优秀校友、行业精英、企业家等社会人才资源优势，保证课程教学的时代性。通过吸纳社会师资，丰富学校劳动教育和创新创业教育师资力量，增强劳动教育和创新创业教育师资供给。

第四，强化专任教师行业经历，鼓励中青年教师前往企业挂职，开展产学研深度合作。

六、基于新农科建设的高校劳动教育与志愿服务的融合

2020年3月，中共中央、国务院印发了《关于全面加强新时代大中小学劳动教育的意见》，意见指出，劳动教育是中国特色社会主义制度的重要内容，全党全社会必须要高度重视，采取有效措施，切实加强劳动教育。[1]2020年7月，教育部印发《大中小学劳动教育指导纲要（试行）》

---

[1] 中共中央国务院关于全面加强新时代大中小学劳动教育的意见[N].人民日报，2020-03-27（1）.

（以下简称"纲要"），纲要指出，普通高等学校要引导学生形成马克思主义劳动观，组织学生走向社会、以校外劳动锻炼为主。[①]理论与实践相结合一直就是我党重要的教育理念，志愿服务是高校劳动教育体系的重要内容，也是开展劳动教育实践的重要载体和依托力量，通过志愿服务，可以有效强化青年大学生的担当与责任，引导大学生志愿者在活动中了解国情、社情和民意，了解社会主义的发展历程和国家发展的波澜壮阔，了解历史发展趋势，内化社会主义核心价值观，实现专业知识的深化和实践水平的提升。同时，结合在志愿服务中感受到的奋斗力量，从而将小我融入大我，将个人梦与中国梦相结合，在推动实现中华民族伟大复兴中国梦对征程中实现个人理想与抱负。

志愿服务能够很好地强化大学生的劳动品质、提升大学生劳动能力、提升主体自觉，增强责任意识。而要达到这样的育人效果，就需要高校通过自上而下的顶层设计，规划好志愿服务的内容、目标和育人效果，同时，要以育人工作"一盘棋"的整体思维，实现志愿服务与其他育人载体的同向同行。可通过搭建服务平台、创新激励机制、围绕学科特色、开展品牌建设、规范服务培训、提升管理水平和强化志愿文化建设来不断提升高校志愿服务水平。

新农科建设要求农林专业要培养"懂农业、爱农村、爱农民"的现代农科人才，既能下得去，又能留得住，这就要求他们一方面要掌握扎实的现代农业生产技术，另一方面又要对农业、农村、农民问题有着深刻的感情，唯有如此，才能够扑下身子好好干，用勤勤恳恳的奋斗推进中国农业现代化。

因此，在如火如荼开展新农科教学改革的农林院校，必须要紧紧把握思想政治教育主线，用好劳动教育课，扭紧劳动教育与志愿服务的链接，探索劳动教育与志愿服务融合的路径，实现双驱动协调运行，共同发挥育人功效。

---

① 教育部关于印发《大中小学劳动教育指导纲要（试行）》的通知[J].中华人民共和国教育部公报，2020（Z2）：2-11.

（一）劳动教育与志愿服务双融合的积极意义

1. 实施劳动教育与志愿服务双融合是培养马克思主义劳动观的现实需要

马克思主义劳动观认为，劳动创造世界、劳动创造历史，劳动创造了人本身。可以说劳动是人类的本质特征和存在方式，是实现人的发展的重要途径。教育与生产劳动相结合是社会主义教育的根本原则，也是我国自古以来的教育原则。古有孔子的"学而时习之"、王阳明的格物致知，近代教育家陶行知先生也提出了生活即教育，社会即学校，教学做合一的思想，这些无不体现出劳动实践教育在人才培养和知识学习中的重要作用。2001年，国务院发布的《关于基础教育改革与发展的决定》中，明确提出"坚持教育必须为社会主义现代化建设服务，为人民服务，必须与生产劳动和社会实践相结合，培养德智体美等全面发展的社会主义建设者和接班人。"2019年3月18日，习近平总书记在学校思想政治理论课教师座谈会上进一步强调，我们党立志于中华民族千秋伟业，必须培养一代又一代拥护中国共产党领导和我国社会主义制度、立志为中国特色社会主义事业奋斗终身的有用人才。2020年7月，教育部印发了《大中小学劳动教育指导纲要（试行）》，纲要指出，普通高等学校要引导学生形成马克思主义劳动观，组织学生走向社会、以校外劳动锻炼为主。通过劳动教育与志愿服务的深度融合，让大学生志愿者通过志愿服务了解社会，体悟劳动创造历史、劳动创造世界、劳动创造人本身的丰富内涵，内化马克思主义劳动观的内容，这既是劳动教育课的价值所在，也是高校扎根中国大地办教育的立身之本。

2. 实施劳动教育与志愿服务双融合是大学生内化社会主义核心价值观的必由之路

2013年，中共中央办公厅印发《关于培育和践行社会主义核心价值观的意见》（以下简称《意见》），意见指出，要以相互关爱、服务社会为主题，围绕空巢老人、留守妇女儿童、困难职工、残疾人等群体，围绕扶贫济困、应急救援、大型活动、环境保护、技能培养等方面，组织开展形式多样、内容丰富的志愿服务活动，营造和谐文明、活力友爱的社会氛围。[①]志愿服务是大学生了解社会、面向社会、服务社会的窗口，也是大学生进入社会前的缓冲带。通过劳动教育实践课与志愿服务双向融合，让学生理解文明、和谐、爱国、诚信、友善的真正内涵，在劳动过程中不断锤炼品格，增强本领，真正将社会主义核心价值观内化于心、外化于行，做社会主义核心价值观的践行者。

新农科所要培养的"懂农业、爱农村、爱农民"农科人才，首先要培养的就是学生的"三农"情怀，要让学生能够深刻认识到农业、农村、农民问题在中国现代化过程中的地位，深刻把握中国"三农"发展的历史和产生的深刻变化，在对历史的深刻把握和现实的敏锐觉知中强化学生的"三农"情怀，让学生扑下身子，投身国家"三农"建设，为实现整个国家的现代化贡献力量和智慧。劳动教育实践和志愿服务在内容上的深度融合，在形式上的高度一致，能够让学生在实践中体会劳动的力量，体会知识和科技在推动中国农业做大做强中的强大动能，强化专业自豪感和荣誉感。

3. 实施劳动教育与志愿服务双融合是开展思想政治引领的有效途径

习近平总书记在全国教育大会上强调："要在学生中弘扬劳动精神，教育引导学生崇尚劳动、尊重劳动，懂得劳动最光荣、劳动最崇高、劳动最伟大、劳动最美丽的道理，长大后能够辛勤劳动、诚实劳动、创造性劳动。"[②]培养德智体美劳全面发展的社会主义建设者和接班人，需要高校构建五育并举的人才培养体系。劳动教育与志愿服务的深度融合能够使学生在实践中深刻把握劳动精神的科学内涵和精神实质，也是提升高校思想政治教育育人效果，实现价值引领的有效途径。同时，志愿服务的实践本质和服务群体的广泛性，能够让学生在实践中养成理论和实践相结合的行动习惯，理论实践相碰撞的强大力量激发了学生学习理论的积极性，而正确理论的强大力量，将进一步强化学生学习先进理论的自觉性和积极性。先进的理论通过志愿服务实现落地生根，进一步培养

[①] 佟金泽.新时代大学生社会主义核心价值观培育和践行路径探析[J].长春师范大学学报，2020（3）：15-18.

[②] 张烁.习近平在全国教育大会上强调，坚持中国特色社会主义教育发展道路，培养德智体美劳全面发展的社会主义建设者和接班人[N].人民日报，2018-09-11.

了学生参与社会事务、推动社会发展的公民意识，能够激发学生的主人翁意识，使其主动担当起实现中华民族伟大复兴中国梦的重任。面向农林专业大学生开展劳动教育与志愿服务的融合教育，将"三农"知识和专业知识、历史发展与社会变革紧密融合，必将有效激发学生学习报国、兴农报国的强大潜能。

4. 实施劳动教育与志愿服务双融合是实现知识与技能的转换器

知识是先进理论和有效经验的集合，通常包括通用知识、专业知识和可迁移知识。通用知识是在任何岗位、任何社会都需要的知识，如关于食物、环境、气候的知识，专业知识是个人基于系统的专业训练所获取的知识，这种知识具有很强的排他性和低的迁移性，需要在特定的岗位和工作中才能得到体现。可迁移知识指的是能够从一个岗位迁移到另一个岗位的知识，这种知识更倾向于个体获取的通识知识，如阅读量等。知识是一个宏观的理论体系，想要通过知识获取技能只能通过实践来实现。可以说，实践是连接知识和技能的桥梁。

志愿服务是体力劳动，需要志愿者付出一定量的体力劳动解决服务对象的问题，满足服务对象的需求；它同时也是一种脑力劳动，如何将自己的知识储备转化为符合服务对象需求的服务，如何提升服务对象的满意度，如何完成志愿服务目标，这些都需要志愿者进行一定的思考。在进行体力劳动过程中，志愿者能够实现手脑协同，将理论知识转化为服务技能；在进行脑力劳动的过程中，志愿者能够结合过往实践的经验进行统筹谋划，这既是对知识的盘点，又是对知识的升华，可以说，劳动教育和志愿服务的深度融合能够协助志愿者实现手脑联结和实践检验，是知识与技能的转换器。

5. 实施劳动教育与志愿服务双融合是践行"社会主义是干出来的"劳动实践观的重要体现

习近平总书记多次强调"空谈误国，实干兴邦"，强调"人世间的美好梦想，只有通过诚实劳动才能实现"。所以要在全社会弘扬真抓实干、埋头苦干的良好风尚。伴随着科技革命的深入发展和人工智能水平的不断提升，劳动形态也发生越来越多的变化。高校深入开展劳动教育，可以根据需求开展形式多样的劳动实践。同时，高校所要培养的是掌握核心科技和高技术的高素质人才，应该根据学生的专业特点构建形式多样的实践形式。基于新农科教学改革实践，农林院校应着重强化学生的"三农"情怀教育，让学生在实践中感悟奋斗的力量，体悟"学中思、做中学"的道理，结合专业特长，开展科技志愿服务活动，让志愿活动的效能不断提升。志愿服务和劳动教育的深入融合贯彻了"教育即生活、生活即教育"的教育理念，丰富了学生的教育体验，这种美好的体验反过来强化了学生的学习热情和自我效能感。同时志愿服务中不求回报的无私奉献和真抓实干，能够切实愉悦学生的情绪，培养学生辛勤劳动、诚实劳动的优秀品质，让学生感受到奉献的快乐和主体的创造力量，进而把这种朴素的情感转化为对中国"三农"的深厚情谊，强化使命担当，掌握扎实技术，用技术和技能推动国家农业现代化和农村现代化，进而实现农民现代化。

6. 实施劳动教育与志愿服务双融合是塑造劳动品质、培养劳动能力的有力载体

习近平总书记指出："劳动是人类的本质活动，劳动光荣、创造伟大是对人类文明进步规律的重要诠释。"[①]立德树人是高校的根本任务，是大学的使命所在，是高校一切活动的出发点和落脚点。高校开展教学活动、开展科学研究和社会服务，归根结底是为未来培养人才。为谁培养人、培养什么样的人、怎么培养人是高校扎根中国大地办教育必须要首先回答的问题。坚持立德树人，培养德智体美劳全面发展的社会主义建设者和接班人，培养爱党爱国爱社会主义的人才是大学的使命与归宿。2018年全国教育大会上，习近平总书记提出"六个下功夫"——在坚定理想信念上下功夫、在厚植爱国主义情怀上下功夫、在加强品德修养上下功夫、在增长知识见识上下功夫、在培养奋斗精神上下功夫、在增强综合素质上下功夫。"六个下功夫"是给高校立德树人提出的具体任务。劳动教育既是一门理论课程，教授基本的劳动观、劳动情感、劳动技能，也是一门实践课程，是学生将所学知识转化为实践能力的重要载体，具有实现手脑联动建构知识的重要优势。学生在参与志愿服务过程中，围

---

① 习近平.在庆祝"五一"国际劳动节暨表彰全国劳动模范和先进工作者大会上的讲话 [N]. 人民日报，2015-04-29（2）.

绕服务对象需求出力流汗、动手动脑，能够将知识转化为技能，锻炼了自我，磨砺了意志，在服务他人、奉献社会的实践中感受到劳动最光荣、劳动最崇高、劳动最伟大、劳动最美丽的道理。打破僵化思维、激发创新潜能，形成奉献、勤俭、创新、奋斗的劳动精神。

（二）劳动教育与志愿服务双融合的理路

"奉献、友爱、互助、进步"的志愿精神是志愿服务的内在价值，这种内在价值与劳动教育具有高度的一致性。因此，不论是志愿服务的内在价值还是其外在形式都与劳动教育高度契合，这种内外的一致性也是劳动教育与志愿服务深度融合的理路。

1. 文化同根：发源于中华优秀传统文化

中华文化源远流长，积淀着中华民族最深层的精神追求，代表着中华民族独特的精神标识，为中华民族生生不息、发展壮大提供了丰厚滋养。中华民族传统美德是中华文化精髓，蕴含着丰富的思想道德资源。①勤劳是中华文化大力褒扬的美德，从"民无食则不可事，故食不可不务也"到南泥湾精神的"自己动手、丰衣足食"，都强调了劳动在满足个人需求和推动社会发展中的积极价值；从独乐乐不如众乐乐的"守望相助"到"达则兼济天下"的家国情怀都体现了文化中的互助、友爱。这种价值是被一代又一代中国人传承的美好品质，可以说，不论是志愿服务还是劳动教育，归根结底强调的就是勤奋劳动、诚实劳动，这种文化上的一脉相承是劳动教育与志愿服务深度融合的文化理路。

2. 价值同源：同步于社会主义核心价值观

崇尚劳动、热爱劳动、辛勤劳动、诚实劳动的劳动精神是劳动教育的内核，这与"敬业、诚信、友善"的社会主义核心价值观相契合。志愿服务以帮助他人、敬业奉献为宗旨，以爱党爱国、向上向善为价值指向，不计报酬、不图名利、不辞辛劳，在扶贫济困、扶弱助残、抢险救灾等过程中奉献自己，为他人送温暖、为社会作贡献，用实际行动砥砺

---

① 习近平：把培育和弘扬社会主义核心价值观作为凝魂聚气强基固本的基础工程[EB/OL]. [2014-02-26].http://cpc.people.com.cn/n/2014/0226/c64094-24464564.html.

高尚美好的道德品质，继承了雷锋精神"有一分热发一分光"的伦理内核，①体现了社会责任和家国情怀，与社会主义核心价值观具有内在的一致性，这是劳动教育与志愿服务深入融合的价值理路。

3. 指向同向：致力于美好生活的向往

"人民对美好生活的向往，就是我们的奋斗目标。"②这种对美好生活的创造也是志愿服务的行动指向。从重大赛事、抗疫抢险到日常生活，到处都能看到我们的志愿者，"实现我们的奋斗目标，开创我们的美好未来，必须紧紧依靠人民、始终为了人民，必须依靠辛勤劳动、诚实劳动、创造性劳动"③。正是千千万万的志愿者的辛勤劳动汇聚成的强大力量，有力支持了我国疫情防控的联防联控、重大赛事的组织有序。志愿服务的最终诉求就是社会的友爱进步，这一价值目标的实现有赖于诚实劳动、辛勤劳动和创造性劳动，这是劳动教育与志愿服务深度融合的实践理路。

（三）志愿服务融入劳动教育的可能性

1. 志愿服务可以完善大学生的认知结构，提升大学生认识世界、改造世界的能力

习近平总书记肯定"志愿服务是社会文明进步的重要标志"④。志愿服务指的是志愿者付出一定的时间、技能、体力、经验等无偿为他人提供的一种利他行为。高等院校大学生是志愿者的主力军，大学生参与志愿服务活动，一方面可以获得"生动而又全面"的劳动实践体验，实现大学生活和社会生活的联结，在"全景式场域"中强化学生对国家发展、社会进步、民族团结的深层体悟，有助于学生正确认识时代责任和历史使命，树立远大抱负。另一方面，通过志愿者个体与志愿者群体、服务对象群体的有效接触，可以深刻感悟"劳动是人类发展和生活进步的根

---

① 王江南.以志愿服务为载体的大学生劳动精神培育[J].高校辅导员学刊，2021，13（6）：57-61，66.
② 习近平.习近平谈治国理政：第一卷[M].北京：外文出版社，2018.
③ 习近平.在同全国劳动模范代表座谈时的讲话[N].人民日报，2013-04-29.
④ 习近平为志愿者点赞：你们所做的事业会载入史册[J].中国社会工作，2019（3）：4.

本力量"不再是理论上的一句话，而是实实在在的奋斗力量。因此可以说志愿服务能够完善大学生的认知结构，升华劳动情感，尊重劳动创造，切实提升大学生认识世界、改造世界的能力。

2. 志愿服务可有效提升大学生劳动能力

作为一种服务性劳动，志愿服务可以提供丰富的实践体验，从而引导志愿者运用自己的专业知识理解生活世界，发现问题、分析问题进而解决生活世界的问题。伴随着社会分工的深度发展，"大水漫灌""一锅乱炖"的志愿服务模式已经过时，当下最需要的是根据服务对象的需求提供精准化的志愿服务。也就是说志愿服务组织在开展志愿服务前，必须充分考虑服务对象的需求、志愿者的知识背景和技能水平，在充分评估的基础上为志愿者和服务对象提供联结纽带，以不断提升志愿服务的质量和实效。劳动教育是面向大学生开展的实践性活动，作为一门课程，必须要首先考虑受众的认知和实践水平，要按照分时段有重点的节奏开展实践体验活动，从而在教育内容、实践强度和实践目标等环节的设置上更符合学生特点，也更具科学性和人本性特征，而这种课程本身的内部属性是与新时代志愿服务同频共振、一脉相承的。因此，志愿服务在满足学生交流学习、自主探索、自我完善、自我体验等精神追求的基础上，可以进一步激发学生的主动性、创造性和积极性，提升学生劳动技能，优化劳动者素养结构，提升大学生劳动能力。[①]

3. 志愿服务有助于培育大学生劳动精神，涵养劳动价值观

新时代志愿服务已经成为一种新样态"劳动"，在重大赛事、环境保护、抗疫抗震救灾、支教扶贫等重大社会需求事件中都能看到志愿者的身影。而大学生积极参与志愿服务活动，本质上表明其具有良好的劳动品质。"奉献、友爱、互助、进步"是志愿服务的精神内核，这种精神价值依托外化的志愿行动来实现，其本质是志愿者参与社会治理的行为，体现了个体对社会的责任和贡献。"志愿服务的健康发展及其功能

---

① 刘长生，王杰.劳动教育推进大学生志愿服务的现状与路径[J].高校辅导员学刊，2021，13（6）：62-66.

实现，与现代社会治理的本质要求有着高度的同质性。"①大学生志愿者通过有计划、有组织地参与志愿服务，获得参与社会治理的机会，学习践行社会治理理念，掌握社会治理知识和技能，②进而汇聚成推动社会发展的社会行动力量，这一过程也隐含对劳动精神的培育和劳动价值观的涵养。

（四）劳动教育与志愿服务相融合的路径

基于志愿服务与劳动教育文化上的"同根"价值上的"同源"、指向上的"同向"以及志愿服务和劳动教育双融合的价值与功能，结合学院新农科建设实际，我们要探索适用于新农科建设的志愿服务与劳动教育融合路径。

1. 强化顶层设计，融入人才培养方案

立德树人的落脚点在于"人"，新农科建设正是农林院校对于培养什么样的人、如何培养人、为谁培养人的回答。为进一步推进"五育"并举人才培养体系建设，学院从人才培养的全局高度统筹谋划推进，主要做了三个方面的工作：第一，在各农学专业人才培养目标、培养规模、评优评先、奖优资困、毕业要求中明确作出志愿服务时长的相关规定，使之成为学生毕业的必要条件。第二，开展志愿服务与劳动教育课的深度融合，突出劳动教育与志愿服务的育人功能，如在劳动教育理论课中加入专门讲述志愿服务的价值、文化、特性、规律等的内容，提升志愿服务的科学化、艺术化水平，克服劳动教育"功利化""形式化"等不良倾向。第三，突出实践特性，明确劳动教育与志愿服务的深度融合点。通过规定志愿服务和劳动教育实践的内容、形式、评价标准，强调志愿服务与劳动教育的融合，共同发力于人才培养的全过程。

---

① 陆士桢.弘扬志愿精神　推进社会治理现代化——学习习近平总书记志愿服务重要指示精神[J].中国社会工作，2019（24）：38-39.
② 刘长生，王杰.劳动教育推进大学生志愿服务的现状与路径[J].高校辅导员学刊，2021，13（6）：62-66.

2. 依托学科专业，扶持特色志愿活动品牌建设

不同的学科专业群具有不同的知识结构和技能范畴，学院基于农学专业和海洋专业的实践特性，依托学科专业群，坚持项目化思维，通过科学规划、精细设计和项目管理，将具体的志愿服务活动转化为可见、可为、可行的项目。[①]第一，加强组织保障建设，依托院团委成立青年志愿者协会，加强对全院青年志愿者的组织管理和协调指导。第二，依托成熟的科研团队，开展主题类志愿服务活动。通过项目孵化培育，每年遴选出品牌化志愿服务项目3~5个，每个项目匹配一定班级的劳动教育课班级，通过骨干培养、项目资助和示范引领的形式带动更多有特色的项目进入培育期。第三，结合专业特点开展志愿者能力提升计划。按照项目负责人、分项目小组长、联络员和成员的不同岗位特点开展精准化、系统化的志愿能力训练，实现志愿者劳动能力的不断提升。通过系统化的运作和投入，使得学生能够将专业知识与服务实践紧密结合，形成学中做、做中学的良好机制。

3. 完善评价考核体系，促进志愿服务与劳动教育融合程度深化

评价体系是保障志愿服务和劳动教育深度融合的关键一环。因此，要在志愿服务中开展劳动教育质量监测，动态把控，强化反馈和指导。按照"强调操作、立足实践、注重创造、体现综合的原则，关注学生劳动价值观的形成、劳动原理的应用、劳动方法的融合、劳动设计的创新、劳动能力的迁移、劳动文化感悟等，构建促进学生劳动素养提升的评价机制"[②]。要通过综合评价和分层分类评价相结合的方式完善志愿服务和劳动教育深度融合评价机制。

第一，开展综合评价和分层评价相结合的评价机制。其一是开展综合评价，依托自上而下的管理机制开展劳动时长、劳动表现、劳动效果方面的评价，可借助日常观察、座谈调研等方式实现。其二是开展分层分类考核评价。按照参与活动的数量、类型和具体表现打分。其三按照

---

① 刘长生，王杰.劳动教育推进大学生志愿服务的现状与路径[J].高校辅导员学刊，2021，13（6）：62-66.

② 宋广军.新时代高校大学生劳动精神的生成逻辑、科学内涵及培育路径[J].思想政治教育研究，2021，37（3）：156-160.

综合评价和分层评价的不同权重得出劳动者的总得分。

第二，开展动态化激励机制。其一是依托智慧团建系统，记录劳动者的每次志愿服务，确保评价有据可依。其二是开展星级志愿者认定表彰，按照不同的评级得分授予一星到五星志愿者称号，并通过专题大会进行表彰。其三是开展志愿服务项目大赛，依托"益苗计划——广东志愿服务组织成长扶持行动"开展内部选拔，重点培育。通过以赛促建的形式推动志愿服务项目精品化。其四是开展榜样示范。通过学院专题网站、线下专题分享报告会的形式开展星级志愿者分享交流会，发挥朋辈群体的示范带动作用。

4. 建立志愿服务长效机制，实现志愿服务与劳动教育融合常态化

要实现志愿服务与劳动教育的深入融合的落地生根，关键还在于良好的制度支撑做保障。基于新农科建设的实际需要，学院着重从以下几个方面开展了相关可持续制度建设。第一，大力宣传并落实国家关于志愿服务的相关制度，确保志愿服务长期可行，有据可依。第二，将志愿服务纳入人才培养方案，确保大学生参与志愿服务的长期化。第三，制定符合学院实际的志愿者管理制度，对志愿者认定等级、考评细则、表彰种类进行规定，确保各项工作有据可依。第四，开展实践育人基地建设，充分发挥校友企业、特色机构的资源支持，为学生开展乡村振兴服务、专业实践和顶岗实习提供持续化、稳定化的平台。

七、基于新农科建设的高校劳动教育与校园文化建设的融合

2018年4月30日，习近平总书记给中国劳动关系学院劳模本科班学员回信，强调"全社会都应该尊敬劳动模范、弘扬劳模精神，让诚实劳动、勤勉工作蔚然成风"。[①]2018年9月10日，习近平总书记在全国教育大会上进一步指出，"要在学生中弘扬劳动精神，教育引导学生崇尚劳动、尊重劳动，懂得劳动最光荣、劳动最崇高、劳动最伟大、劳动最

---

① 习近平.习近平给中国劳动关系学院劳模本科班学员的回信[J].人民政坛，2018（5）：1.

美丽的道理，长大后能够辛勤劳动、诚实劳动、创造性劳动"。①2019年4月30日，习近平总书记在纪念五四运动一百周年大会上对新时代中国青年提出，要"用勤劳的双手和诚实的劳动创造美好生活"②。青年是国家的未来，青年一代养成良好的劳动习惯，培育良好的劳动精神，对于整个国家的发展具有重要意义。高校在落实国家关于劳动教育的相关要求过程中，必须从学校育人全局着眼，统筹规划，仔细推进，确保劳动教育与各项育人资源同频共振。

校园文化是高校重要的育人资源，是在高校校园内部由师生共同在长期的教学、科研、学习、生活、实践中形成的一种学校传统、行为准则、道德规范、价值观念、精神支柱的综合，是能够被一代又一代的师生认可、坚守和传承的价值观念，包括高校的物质文化、精神文化、行为文化和制度文化的全部内容，是时代文化和地域文化在高校的集中反映，是扎根中国大地办教育的鲜明特征，具有引导、规范、激励、凝聚高校师生行为的重要功能。高校校园文化是高校重要的育人软环境，是高校一切教育、管理、服务行为发生的平台和载体。通过深入推进劳动教育与校园文化建设的双融入，打造具有鲜明价值导向的文化育人航母，助力高校立德树人根本任务。

（一）高校劳动教育与校园文化深度融合的价值功能

校园文化是高校师生认同、坚守并传承下来的特色文化，具有规范、引导、激励、凝聚、教育的育人功能，深入推进劳动教育与校园文化的深度融合，是高校落实立德树人根本任务，是培养德智体美劳全面发展的社会主义建设者和接班人的重要举措，是培养"懂农业、爱农村、爱农民"的新农科人才，推进农业、农村、农民现代化的重要着力点。可以说，推进劳动教育与校园文化深度融合，具有深远的价值。

1. 有利于全面整理劳动教育资源，完善劳动教育供给侧建设

校园文化是在社会文化大背景之下的一种独具特色的亚文化。它以

---

① 张烁.习近平在全国教育大会上强调：坚持中国特色社会主义教育发展道路，培养德智体美劳全面发展的社会主义建设者和接班人[N].人民日报，2018-09-11（1）.

② 习近平.在纪念五四运动100周年大会上的讲话[J].中国共青团，2019（5）：1-5.

校园为空间，以师生为参与主体，包含了物质文化、制度文化、精神文化和行为文化。换言之，校园文化是社会文化作用于学校，由学校自身内化而形成的稳定规范。它以社会主流文化为基础，由本校师生共同内化，蕴含着学校传统、领导作风、师德师风、教风学风、管理风格、校园环境、管理制度等内容。[①]可以说，校园文化在本质上是一种亚文化，有自己独特的群体和影响范围。从校园文化的构成来看，不论是管理规章，还是教风学风，抑或是校园环境，其最终目标都是为了建构良好育人环境，培育德智体美劳全面发展的高素质人才。这一目标与高校开展劳动教育的教育目标高度一致，因此，从这个意义上看，劳动教育与校园文化具有很强的内在一致性。一方面，高校开展校园文化建设，全面整合育人环境资源，有利于构建全员参与、全过程管理、全方位监管的良好育人格局，丰富劳动教育的载体元素，创新劳动教育形式，拓宽劳动教育的空间和平台。另一方面，劳动教育的深入开展，可以进一步提升校园文化建设的内涵和层次，助力学校良好育人目标实现，为校园文化建设提供充足动能。

2. 有利于构建沉浸式劳动教育环境，营造良好育人氛围

教育是无处不在，无时不有的，校园文化作为高校育人的重要环境载体，其与劳动教育的深度融合有利于构建沉浸式劳动教育环境，营造良好的育人氛围。一方面，农科专业是实践性很强的专业，需要学生付出大量的实践劳动才能获得相关的知识和技能，所以热爱劳动、辛勤劳动是农林院校校园文化的重要组成部分，是印刻在农林专业基因上的文化元素。通过开展丰富多彩的生产劳动实践活动、公益劳动实践和自我服务劳动，可以让学生全程"在场"参与劳动，实现手脑并用、身心合一，体悟劳动创造人、劳动创造历史的深刻内涵，内化劳动创造未来的重要价值，养成热爱劳动、辛勤劳动、诚实劳动和创造性劳动的良好品质。另一方面，劳动角度的深入发展，链接了校园文化的育人资源，如学生参与开展美丽校园建设、学风建设等活动，可以有效地激活校园文化的育人要素，让学生在自我劳动中实现自我教育、自我管理和自我服

[①] 张胜闻.论工会在校园文化建设中的地位和作用[J].社科纵横，2014，29（3）：165-168.

务，为步入社会后更好地服务社会打下坚实基础。

3. 有利于凝练校园文化内核，传承劳动教育精神

从校园文化的形态看，校园文化包括物质文化、精神文化、制度文化和行为文化四个层面，[①]这四个方面相互影响，共同形成了校园文化的特质。物质文化指的是学校的物质设施，包括教学科研设备、工作生活场所以及校园景观建设等，是校园人文思想的集中体现，是高校育人的主要物质载体。制度文化主要是学校赖以开展教学、科研、管理、服务工作的规范条例、行为准则，包括班风、学风、教风、师德等行为内容，是校园规范思想的集中反映。校园行为文化指的是校园文化的动态方面，主要包括教学科研活动、组织管理工作、第二课堂活动、后勤服务活动等内容，是校园文化的行动指向。校园精神文化是校园文化最核心的部分呢，是学校师德师风、人际关系、学生面貌、心理环境及校园群体价值观、世界观的集中体现，也是学校办学宗旨、培养目标和培养风格的集中体现。从校园文化各部分的构成可以看出，校园精神文化是校园文化的内核，影响着校园文化其他层面。校园文化中的物质文化、制度文化和行为文化反过来会影响校园文化的精神文化内核。

劳动教育是面向全体学生开展的关于劳动的教育，其根本目标是对学生开展社会主义劳动观教育，培养德智体美劳全面发展的社会主义建设者和接班人。劳动教育与校园文化在内在价值上是趋同的。推进劳动教育与校园文化的融合，能够引导学生系统劳动养成诚实学习的良好学风，培养未来开展创新劳动的潜能。可以说，劳动教育在帮助学生树立正确劳动观的基础上，改善了学生的行为，从而影响校园文化的各个层面，起到凝结校园文化内核、传承文化精神的良好价值功能。

（二）高校劳动教育与校园文化深度融合的理路

劳动教育课和校园文化同属于高校教育资源的范畴，在高校育人工作中发挥着不可替代的作用。校园文化作为外部环境，可以为劳动教育提供充足的物质载体。劳动教育作为教育工具，既可以丰富校园文化建

---

① 张胜闻.论工会在校园文化建设中的地位和作用[J].社科纵横，2014，29（3）：165-168.

设的精神内核,又能为校园文化的深入发展提供行为支持。这些都是基于二者趋同的价值取向、共享的建设工具和一致的建设主体,这也是劳动教育与校园文化深度融合的理论逻辑。

1. 价值取向上的趋同——培养德智体美劳全面发展的时代新人

面对全球化和网络化的冲击,当今世界的竞争归根结底是文化的竞争,文化竞争的根本在于人才,因此,高校要将立德树人作为根本任务,回答好"为谁培养人、培养什么样的人、怎么培养人"的问题,扎根中国大地办教育,培养德智体美劳全面发展的社会主义建设者和接班人。高校校园文化是学生生活、学习的重要文化载体,具有规范、引导、凝聚、激励、教育等功能。高校开展校园文化建设,营造优良学风、优良教风,构建全员参与、全过程管理、全方位监管的三全育人格局。对于劳动教育而言,其最终目标是坚持和发展马克思主义唯物史观,培养学生的社会主义劳动观,引导学生辛勤劳动、诚实劳动、创造性劳动,为实现中华民族伟大复兴中国梦积蓄智慧与力量,可以说校园文化建设和劳动教育都以培养德智体美劳全面发展的社会主义建设者和接班人为自己的价值归宿,这也是二者实现深度融合的价值逻辑。

2. 建设的工具共享——劳动实践

行为文化是高校校园文化的重要组成部分,也是实现校园文化与时俱进的重要媒介。高校校园文化中的行为文化主要包括教学科研活动、组织管理工作、第二课堂活动、后勤服务活动、学风、教风等内容。[①]要开展高校校园文化建设,必须要全面开展教风、学风建设,抓好教师和学生两大群体,通过教风带学风、学风促教风,在良好学风、教风建设过程中,学生、教师都需要全程参与并付出个人的实际行动,可以说,校园文化的建设过程本质上就是师生共同参与劳动的过程,其本质就是一场劳动。劳动也就成为校园文化与劳动教育深度融合的工具逻辑。

3. 建设主体的一致——师生主体共创

高校校园文化是基于校园这一空间位置,以师生为共同参与主体的

---

① 张胜闻.论工会在校园文化建设中的地位和作用[J].社科纵横,2014,29(3):165-168.

亚文化。高校校园文化建设和传承都离不开高校师生的参与。学生的学风、班级的班风、教师的教风是校园文化的重要组成部分，他们一方面反映了校园文化建设的效果，另一方面也通过自身的行为动态推动着校园文化建设。可以说，他们既是校园文化的建设对象，也是校园文化的建设主体。劳动教育既是一门通过劳动面向学生开展的课程，也是一门通过劳动的教育方式，其教育对象既包括广大学生，也包括广大教职工，且教职工的行为能够对学生起到示范带动作用，也即是说，教师的劳动示范既是劳动教育的教学方式，也是教师自身接受劳动教育的过程。这种主体与对象的一致性是劳动教育与校园文化建设深度融合的根本逻辑。

（三）高校劳动教育与校园文化深度融合的困境

习近平总书记在全国教育大会上明确强调了劳动教育的地位和作用，确立了"五育并举"的教育格局，是高校全面开展劳动教育的依据。校园文化作为高校重要的育人资源，理应在高校德育、智育、体育、美育、劳育中发挥重要作用。然而，在高校深入推进劳动教育与校园文化深度融合的过程中，也面临着诸多难题，主要表现在三个方面。

1. 重视学生的教育主体地位，忽视了教师的示范参与

课程是高校开展育人工作的主要载体，劳动教育作为五育的重要组成部分，在高校也主要是通过课程建设的形式完成劳动教育的施教工作。作为一门课程，劳动教育更多强调教师的教和学生的学，过分强调以学生为中心的课程设计，忽视了教师施教过程中劳动的本质属性，过分强调学生的主体地位，忽略了教师的示范参与。在高校校园文化建设层面，高校将校园文化与学生活动挂钩，简单围绕学生开展活动，忽视了教师作为校园文化建设的主体角色，对教师参与校园文化建设的机制和内容缺乏系统有效的统筹规划，对于教风、师德师风的考核和关注过于宽泛，而对于教学科研等具体行为关注比重过高。师德师风作为教师职业道德的重要外化行为，是高校精神文化的重要组成，对于教师的角色示范具有基础性影响，现有的考核模式致使教师将更多精力放到教学科研工作，对于师德师风、学生学风引导关注不足，教师成为校园文化建设的旁观

者而非主力军，这在某种程度上削弱了校园文化的育人功能。可以说不论是劳动教育还是校园文化建设，对于教师主体地位的关注和作用发挥都明显不足，这在一定程度上影响了劳动教育与校园文化建设深度融合的进程。

2. 重视校园物质文化建设，忽视了校园文化的内涵建设

校园物质文化是高校赖以开展一切育人活动的物质载体，美好的校园物质环境可以让师生心旷神怡，让学生安心向学，让教师安心从教。近年来，伴随着社会生产力的高度发展，高校办学经费充足，再加上学校办学规模的扩大，学校开始建设新校舍、新校区、购买新的办学设备等硬件，物质文化的建设使得高校弱化了对其他层面文化的关注，盲目追求校园的大、校舍的新，忽视了校园精神文化、行为文化等软文化层面建设，弱化了大学精神的传承和内涵建设。每一所高校都有自己的建校史，学校的建校史就是全体师生艰苦奋斗、辛勤劳动的历史，可以说，高校的建校史就是一部劳动史，传承了一代又一代高校文化的精髓。高校在强调物质文化建设过程中对行为文化、精神文化、制度文化的忽视，弱化了蕴含在文化中的劳动精神，从而弱化了校园文化的内涵建设，影响了劳动教育与校园文化的深度融合。

3. 重视校园文化活动数量，忽视了校园文化活动的主线建设

高校校园文化的参与主体多是学生，围绕学生开展丰富多彩的校园文化活动，让学生在丰富多彩的校园文化活动中了解学校的办学历史、发展历程、学科建设、科研成就、专业特色等丰富内容。高校丰富多彩的校园活动在一定程度上激活了学生了解校园文化的热情，然而，由于高校第二课堂活动多是学生自下而上开展的，缺少自上而下围绕着校园文化精神内核进行的活动设计，致使校园活动数量多，形散意散，校园活动无法形成育人合力。同时，校园文化活动类型以年轻人偏好的娱乐性活动为主，活动内涵不足，对学生的教育启迪作用不显著。与此同时，劳动教育作为一种"吃苦"教育，与娱乐性活动的融合性差，虽然丰富多彩的活动为学生提供了展示自我的机会，但过于轻松愉悦的展示也助

长了学生中精致利己主义思想的滋生。[①]因此，高校要针对校园活动形成完善的顶层设计，开展一批主题鲜明、内容丰富、形式多样的劳动教育类活动，让劳动教育与校园文化活动充分融合，使校园文化成长为劳动教育的有力支撑载体。

（四）基于新农科建设背景的高校劳动教育与校园文化深度融合的实践路径

高校校园文化如同空气一般散落在校园的各个空间，内化于教师、学生、员工的观念、行为之中，外化于他们的教学、科研、学习、做人等行为关系中。新农科建设就是要培育时代新人，培育"懂农业、爱农村、爱农民"的"一懂两爱"新农科人才，为实现学校立足广东、服务南海的办学定位、培养现代渔业创新人才的人才目标，必须要从人才培养的大局着眼，夯实五育并举教育体系，实现劳动教育与校园文化的深度融合，将社会主义劳动观融入教师、学生和员工的学习、生活和工作中，这是当前农林院校完成新农科建设目标的必由之路。

1. 强化思想引领，推动劳动教育融入高校精神载体符号

校史、校训、校歌是高校校园文化的重要符号，它们承载了高校厚重的办学历史、严谨的办学目标和良好的精神风貌，推动劳动教育与校园文化的深度融合，要着重用好校史、校训和校歌等文化元素，强化价值思想引领。

第一，讲好校史中的劳动者和劳动故事。每一所高校的创建过程中都涌现出了无数的拓荒者和奠基人，他们薪火相传、守望相助，用汗水和双手打下建校的基石。通过视频影像、照片、文字图片等形式着重讲好劳动者和他们的劳动故事，让师生员工真切感受劳动创造历史、劳动开创未来的深刻内涵。基于新农科建设的战略发展，学校排练话剧《熊大仁》，面向全体师生巡演，用艺术再现了拓荒者的自强不息和奋力拼搏。第二，讲解好校训中的劳动故事。校训是校园精神的凝练，是高校人文精神、办学历史和办学理念的集中呈现。在开展劳动教育过程中，

---

① 刘瑶瑶.将劳动教育融入高校校园文化建设的实践路径探析[J].北京教育（德育），2019（Z1）：58-62.

要集中向学生讲述校训中的劳动精神。如面向大一新生开展的校训知识讲解大赛,通过比赛的形式鼓励新生了解学校的文化和历史,在了解中感受学校办学过程中辛勤劳动、诚实劳动的伟大与崇高,从而埋下诚实劳动、辛勤劳动的种子。第三,传颂好校歌中的奋斗精神。校歌是校园文化的感情升华,短小精悍,易于传唱。每年在新生军训中举行的校歌合唱比赛,就是鼓励同学们传承先辈伟志,自强不息,用青春和汗水汇聚成的劳动书写美好篇章。

2. 强化师德师风建设,推动教师成为劳动教育的示范引领者

教师,是"传道授业解惑",是"行为世范"。高校青年大学生正处于"扣扣子"的关键时期,教师的一举一动、一言一行都会对学生产生深远的影响,因此,推动劳动教育与校园文化深度融合,离不开教师的积极参与和行为示范引领。

第一,开展优秀教师评选表彰,在全校范围内宣传勤奋劳动、热爱劳动、创造性劳动的先进典范。高校青年教师接受过完整的学历教育和严格的学术训练,他们思维敏捷、学识渊博,能够将前沿学术问题透彻讲解,不断丰富学生的知识储备。与此同时,教师的这种敬业奉献也感染学生,激励学生严谨治学、勤奋学习,在一教一学之间,劳动教育中最核心的劳动精神就被教师完整地阐释和充分地示范。因而,通过表彰优秀教师,广泛宣传崇尚劳动、勤于劳动的先进事迹,让学生充分了解优秀教师的真人真事,感悟辛勤劳动、诚实劳动、创造性劳动的巨大魅力。第二,开展师德师风建设,将师德师风列入教师评聘的第一位置。将师德师风建设与教学工作、科研工作同步部署、同步落实。第三,深化教师评价制度改革。劳动教育的内涵丰富了高等教育理念,指导我们着力建设一支为人师表、治学严谨、认真负责、耐心细致、开拓进取的高水平教师队伍。[①]新农科建设需要教师不仅具有扎实的理论知识,而且能够深入基层一线,了解产业发展的难点和通点,着力攻关技术壁垒,解决卡脖子的关键问题。教师通过带领学生深入一线开展生产劳动,了解产业,思考产业,必将引领学生养成诚实劳动、辛勤劳动、创造性劳

---

① 刘瑶瑶.将劳动教育融入高校校园文化建设的实践路径探析[J].北京教育(德育),2019(Z1):58-62.

动的优秀品质。

3. 强化朋辈引领，推动优秀朋辈群体成为劳动教育的表率

朋辈群体指的是地位相近、年龄、兴趣、爱好、价值观和行为方式大体相同一群人组成的非正式群体。高校所教育的对象正是青春洋溢的青年大学生，在现行的学校规章制度下，总有一批优秀的大学生脱颖而出，他们也因为有着大学生的身份，所以当现身说法时，总能得到大学生的信赖，从而达到良好的教育效果。

第一，开展榜样之星评选活动。通过个人报名、公开答辩、网络评审等环节，选出十大榜样之星。同时，组织榜样之星团开展巡回演讲宣传活动，切实用身边的榜样带动同学们勤奋学习、刻苦钻研，培养良好的劳动品质。第二，开展校友"连麦"活动。充分利用网络平台，拉近校友与在校生的距离，在一对一的"连麦"交流中，让学生深刻感受到勤于钻研、苦干实干、创新创业的故事，让在校生在他们的成长中正确认识劳动，从而积极参与劳动。第三，开展达人评选活动，面向全体学生开展科研达人、实践达人、创新达人、创业达人等评选，让学生感受勤奋刻苦、诚实守信、攻坚克难的决心和勇气，从而积极面对学业的挑战，培养开展创新性劳动的潜质。第四，组织开展优秀学生事迹采访团。将各类优秀学生分组组合后与各个班级对接，让班级总结优秀学生的事迹，在全班的参与与感悟中凝聚优良班风学风。通过朋辈群体的持续正向引导和行为示范，引导更多的学生热爱学习、诚实劳动，养成良好劳动习惯，培育深厚劳动情感。

4. 强化顶层设计，发挥校园文化活动载体功能

校园文化活动是学生喜闻乐见的活动形式，影响面广、效果明显。基于新农科建设的实际需要，结合学科专业特点，通过设计主题鲜明、内容丰富、形式多样的劳动教育主题活动，让参与其中的学生体悟劳动的价值，直面专业技术进步在推动农业生产的巨大作用，让学生立志学农报国。

第一，开展渔业科技文化节活动。围绕中华渔业文化和我校渔业发展历史，设计了知识问答、渔业文化作品创作、水产技能大赛、水族箱造景大赛等兼具文化性、专业性、趣味性的劳动教育主题活动，让学生动手参加、动脑参与，实现手脑连接。第二，开设大国渔业讲座。在渔权与海权、种苗安全、营养免疫、水质调控等领域，邀请优秀的行业精英、专家学者与学生一起坐而论道，讨论专业前沿，把脉产业动态，稳固专业思想。第三，开展创新创业比赛，鼓励学生们积极参加各类创新创业大赛，实现以赛促学、以赛促劳。在比赛中切身体会创新强国，唯有创新才能立于不败之地的深刻内涵。第四，组织开展劳动教育相关课题研究，鼓励师生积极申报，发挥青年学生的首创精神，为深入开展劳动教育提供智力支持。第五，开展优秀校友寻访活动，让学生们在寒暑假寻找行业精英，通过面谈、电话采访的形式整理优秀校友故事。感受校友勤奋好学、扎根一线、服务产业的精神。通过自上而下的主题活动设计，让学生在活动中长见识、增才智，为开展劳动教育与校园文化的深度融入提供载体支持。

5. 用好新媒体，拓宽劳动教育新媒介

伴随着科学技术的深入发展，互联网技术为教育领域带来了深刻变革。通过宣传开展思想教育一直是高校思想政治工作的强项，面对新科技革命带来的新技术，要在用好传统平面媒体的基础上，用好新媒体，讲好劳动故事，传递劳动好声音。

第一，开展全媒体宣传覆盖，占领网络阵地。根据学生使用的网络的情况，采用学生喜闻乐见的形式和语言积极传播劳动教育声音。如开展新农人的一天实习等实习日志评选，就是运用网络开展劳动教育总结，以学生为主角讲述生产劳动的所思所悟所想，并通过网络进行全角落覆盖。第二，开设劳动教育专题"表白墙"。利用易班平台开设劳动教育表白墙，让学生用自己的语言写出对于劳动教育的真情实感，并通过网络实时传播的特点，搭建交流平台。第三，开展优秀劳动者事迹报告专栏。通过及时更新内容，让学生可以第一时间了解农林产业的先进从业者，感叹他们的伟大事迹，体会个人价值与社会价值的关系，线上线下同步强化劳动教育效果。如开展养虾高手自画像活动，让学生根据养虾高手的事迹材料，结合网络信息的传播特点，创造行业精英自画像，引导他们在创作过程中内化优秀劳动品质，培养良好劳动习惯。

6. 强化高校内涵建设，构建沉浸式劳动教育环境

伴随着高校办学规模扩张带来的新校区、新校舍是当前高校面临的现状，要充分开发校园文化资源，构建全景沉浸式劳动教育环境。新农科建设要为国家农业、农村、农民现代化培养精锐骨干，就必须让学生静得下心，稳定专业思想，强化专业认同。作为实践性很强的农学专业，在强调劳动社会价值的层面面向全体师生开展劳动精神教育。

第一，设置主题广场。通过文字、图片、视频等形式，传播科学劳动观、内涵丰富的劳动标语、劳动模范人物和事迹材料、行业精英模范事迹、产业前沿科技等内容，形成视觉和听觉刺激，强化学生的专业认同，让学生能够在相对集中的空间接受专业价值教育。第二，开展校舍名字征集活动。根据新校舍的功能，面向全体师生、校友征集楼宇名字，在强化楼宇功能的同时，激发师生发掘校园历史底蕴的热情。同时，加强新楼宇、新校舍的人文布置，选择优秀教授、优秀行业引领者的故事和图片、视频等，在合适的位置进行展示和投射。通过近距离高密度的视觉听觉强化，让学生感悟学农报国的深远意义。第三，是开展制度规范修订，如奖学金、荣誉评选的细则修订，将劳动教育作为评选奖学金和各项荣誉证书的基本原则，强化劳动最崇高、劳动最光荣、劳动最伟大、劳动最美丽的价值理念。通过环境优化、制度修订、人才考核等举措，强化高校内涵建设，构建沉浸式劳动教育环境，让学生能够随时随处接受劳动教育，让社会主义劳动观内化于师生之心，外化于师生之行。

劳动教育与校园文化是高校重要的育人资源，二者的充分融合可以有效整合教育资源，构建沉浸式劳动教育环境，进一步凝练校园文化精神等功能，高校在厘清二者融合的内在逻辑后，结合新农科建设实践，从校园标识、师德师风、朋辈群体、校园活动、新媒体平台建设和校园物质文化环境建设等六个方面全面总结了劳动教育与校园文化深度融合的实践路径，为高校深入推进二者融合提供经验借鉴。

八、基于新农科建设的高校劳动教育与实践育人体系的融合

"所谓实践育人，实际是以学生所学理论知识为基础，将教学方式不

断拓展，为学生提供一个良好的发挥空间，帮助学生提高综合能力的同时，建立学习的自信心和趣味性。"[1]劳动教育的教学目标是培养学生形成马克思主义劳动观，养成热爱劳动、辛勤劳动、诚实劳动和创造性劳动的劳动品质、掌握劳动科学知识和技能的高素质劳动人才。劳动教育培养目标的实现需要个体花费大量的时间进行实践强化。实践育人体系是高校德育工作的重要支撑，是学生实现手脑并用、知行合一的重要途径。育人指向上的实践性、实践内容上的专业性、载体需求上的互通性、目的意义上的一致性是劳动教育与高校实践育人体系实现内在耦合的逻辑所在。

（一）劳动教育融入高校实践育人体系的内在逻辑

1. 育人指向上的实践性

马克思认为，社会生活在本质上是实践的。[2]实践是检验真理的唯一标准。不论是劳动教育还是高校实践育人体系，实践是实现育人目标的重要依托路径。这种育人指向上的一致性主要包括：第一，实践教学过程相同。不论是实践育人还是劳动教育，都需要学生通过出力流汗、手脑并用的方式来实现理论知识的强化和实践技能的淬炼。第二，二者相互促进，共同提升。劳动实践过程可以提升学生的实践操作技能，提升学生人际协作能力、操控劳动工具的能力；这种能力的提升反过来可以有效提升学生实践育人活动中的参与度，增强活动的效果。第三，实践是提升育人效果的重要反馈环节。不论是劳动教育、还是实践育人都需要在实践中检验教学安排是否科学、合理。育人取向上的实践性为劳动教育融入实践育人体系提供了结合点。

2. 实践内容上的专业性

不论是劳动教育还是实践育人体系，归根结底都是围绕高校人才培养总目标而设定的，所有的实践活动和实践内容以学生所学理论知识为中心，着眼于学生专业技能的学习强化。劳动教育包括通过劳动的教育和关于劳动的教育两部分内容，其中通过劳动的教育着重于依托各类实

---

[1] 杨旭.劳动教育实践育人途径与模式研究[J].黑龙江教育学院学报,2019,38(5):73-75.
[2] 马克思,恩格斯.马克思恩格斯全集：第三卷[M].北京：人民出版社,1960：5.

践活动，实现出力流汗、手脑并用，在实践中改造客观世界和主观世界。关于劳动的教育部分则着重于开展系统的劳动科学知识教育，以学校现有教师为主要师资构成，在系统地讲授劳动科学知识之外，着眼于现有教学资源的融合。这种实践内容上的专业性为劳动教育融入高校实践育人体系提供了动力源。

3. 载体需求上的互通性

劳动教育和实践育人都需要借助一定的活动才能实现，活动成了劳动教育和实践育人的实施载体。高校校园实践活动包括生产实习、社会实践、志愿服务、创新创业教育、就业指导与生涯规划等内容，这些实践活动都需要学生花费一定的体力和脑力劳动，活动完成的过程也是劳动实施的过程。载体的互通为劳动教育融入高校实践育人体系提供渠道支持。

4. 价值诉求上的一致性

劳动教育课以引导学生形成马克思主义劳动观，培养热爱劳动、辛勤劳动、诚实劳动、创造性劳动的劳动品质，树立劳动最美丽、劳动最崇高、劳动最伟大、劳动最光荣的劳动信念，成长为适应国家需求和行业发展的社会主义建设者和接班人。高校实践育人致力于整合高校文化活动资源，通过各类活动引导学生知行合一，成长为信仰坚定、能力卓越、文化自信的新时代青年。价值目标上一致性为劳动教育融入高校实践育人体系提供了融合基础。

（二）劳动教育融入高校实践育人体系的路径

要着眼于育人一盘棋思维，强化育人顶层设计，整合各类实践资源，搭建实践育人高地，引导学生在知和行之间树立正确劳动价值观，培育积极劳动态度，养成良好劳动习惯，成长为有理想信念、有担当作为、有坚毅品格的新时代优秀青年。

1. 以价值理念为先导，推动劳动教育价值理念融入高校实践育人体系

思想是行为的指导，劳动教育融入高校实践育人体系，首要是实现价值理念的融入。立德树人作为高校的根本任务，是所有教学科研活动

的中心内容。要通过价值理念的融入，使学生树立劳动光荣、创造伟大的意识，深刻理解劳动创造人类、劳动创造人类社会和劳动推动人类社会进步的深刻内涵，从而形成对于劳动的科学认识，形成劳动最崇高、劳动最伟大、劳动最光荣、劳动最美丽的价值信念，尊重劳动和劳动者，勤奋学习、刻苦钻研，正确处理个人梦与中国梦的关系，将个人梦想融入中国梦的实践中，自觉成长为有高尚的品格的新时代劳动者。

2. 以师资融合为契机，实现劳动教育元素全程融入

高校劳动教育教师队伍可通过专职教师和兼职教师相结合的方法组建。专职教师着重于开展劳动教育科学知识、劳动价值观、劳动情感和劳动态度等内容的教育和研究工作，兼职教师除了开展基本的劳动科学知识教育外，着重于依托自身科研优势，实现劳动教育元素的全程融入。如将劳动情感教育、劳动品德教育和劳动价值观融入各类实践活动，引导学生在实践中强化对劳动的认知和情感，升华关于劳动的认知。如在社会实践活动中，引导学生积极思考"社会主义是干出来的"的深刻内涵，深刻领会实干兴邦的道理，理解劳动托举中国梦的实践指引，构建浸润式的实践育人环境。

3. 以载体融合为抓手，实现劳动教育和实践育人体系的有机嵌入

劳动教育融入高校实践育人体系必须要以载体融合为抓手，实现二者的有机融合。其一，抓好融合组织。劳动教育作为课程，归属于教务部门管理，实践育人既有从属于教学部分的生产实习，也有从属于校园文化的第二课堂活动。通过组织融合，整合现有育人实践资源，通过顶层设计，实现育人资源利用效率最大化。其二，抓好项目活动。要依托典型实践活动，通过活动有机嵌入。如依托社会实践活动，让学生在国情社情的观察中，深刻理解发展不平衡不充分的含义，深化对于我国正处于并将长期处于社会主义初级阶段基本国情的认知。其三，抓好专项比赛，实现以赛促教。如抓好自上而下推动实施的创新创业大赛，让学生在比赛中理解创造性劳动的伟大价值和积极意义，更好理解新形态劳动。其四，抓好文化融合。文化融合是最深层的融合，通过宣传工匠精神、劳动模范、名师大家、行业精英等内容，营造深厚的劳动文化氛围。

九、基于新农科建设的高校劳动教育与专业教育的融合

全面推进劳动教育,切实加强大学生社会主义劳动观培养,是高校当前义不容辞的责任和使命。专业教育是高校重要的育人功能板块,其所培养的专业技能也在学生素养结构中占据核心重要位置。如何将劳动教育融入专业教育中,发挥劳动教育树德、增智、健体、育美的功能,是高校当下必须全面谋划、认真布局的重大任务。

(一)劳动教育融入专业教育的基本原则

1. 坚持党管人才的基本原则,开展人才培养"顶天"设计

"培养什么人、怎样培养人、为谁培养人"是教育的根本问题,中国高等院校扎根社会主义大地办教育,必须要把培养德智体美劳全面发展的社会主义建设者和接班人作为根本任务,培养一代又一代拥护中国共产党领导和我国社会主义制度、立志为中国特色社会主义奋斗终身的有用人才。[①]劳动教育作为社会主义教育体系的重要组成部分,要紧紧围绕国家培养什么人的要求,将培养学生社会主义劳动价值观融入各项教育内容中,让学生在教育全过程中养成崇尚劳动、热爱劳动、尊重劳动的良好品格,懂得劳动最崇高、劳动最伟大、劳动最光荣、劳动最美丽的道理,在进入社会后能够辛勤劳动、诚实劳动、创造性劳动,为实现中华民族伟大复兴中国梦贡献青春与智慧。

2. 坚持对接产业发展的原则,开展人才培养"立地"设计

习近平总书记在十九大报告中提出了统筹推进中国特色社会主义事业"五位一体"总体布局和协调推进"四个全面"的战略布局,实施深化供给侧结构性改革、加快建设创新型国家、实施乡村振兴战略、实施区域协调发展战略、加快完善社会主义市场经济体制、推动形成全面开放新格局等建设现代化经济体系的六大任务。[②]这也对高等教育的人才培

---

① 张烁.习近平在全国教育大会上强调:坚持中国特色社会主义教育发展道路,培养德智体美劳全面发展的社会主义建设者和接班人[N].人民日报,2018-09-11(1).

② 决胜全面建成小康社会,夺取新时代中国特色社会主义伟大胜利[N].人民日报,2017-10-19(2).

养工作提出了新任务和新要求,即要对接产业发展,让科研人员把论文写在祖国大地上,培养一批懂理论会技术的高素质人才。在此背景下开展劳动教育,必须要顺应时代发展的要求,打破学科思维界限,对接产业发展的"急""重"任务,构建融合式人才培养方案,让劳动教育融入专业教育之中,将各门课程中蕴含的劳动思想、劳动价值、劳动关系、劳动情感提炼出来,培养懂专业知识、会劳动技能、能创新创造的高素质应用型、创新型人才

3. 坚持学生全面发展的原则,开展人才培养精准化设计

"新时代高校 40 条"从学生、教师、学校和教育四个层面提出要全面坚持"四个回归",即"回归常识、回归本分、回归初心、回归梦想"。推进"四个回归",把人才培养的质量和效果作为检验一切工作的根本标准。"四个回归"是国家全面振兴本科教育的重要指南。"四个回归"的本质是要实现学生的全面发展,让学生坚定理性信仰、常怀报国之心。在此背景下,劳动教育要把握教育对象的特点,尊重当代大学生发展需求,优化教学资源,创新教学手段,科学地设置实践活动,以学生喜闻乐见的形式顺利推进劳动教育入耳、入脑、入心。在劳动教育实践中激发学生学习知识、钻研问题的潜能,养成崇尚劳动、尊重劳动、热爱劳动的良好劳动品格。按照构建中国特色、世界一流的卓越拔尖人才培养体系的"六卓越一拔尖"计划 2.0 和培养新农科人才的需要,制定适用于应用型人才和创新型人才的劳动教育培养体系。针对不同学生的需求,开展精准化、层次化培养,从而实现劳动教育树德、增智、健体、育美的价值目标,推动学生的全面成才发展。

(二)劳动教育融入专业教育的逻辑理路

1. 价值上的共通:基于立德树人根本任务

2018 年,习近平总书记在全国教育工作大会上强调,坚持中国特色社会主义教育发展道路,培养德智体美劳全面发展的社会主义建设者和接班人。大学生作为未来社会主义事业的建设者和接班人,必须要把树德放在第一位置,扣好人生第一粒扣子。劳动教育通过有系统、有组织、有目的、有计划地开展理论学习和实践锻炼,帮助学生端正劳动态度,

培养劳动情感、内化劳动精神，继而形成社会主义劳动观。高校要通过系统的劳动教育，让学生认识到劳动创造历史、劳动创造人、劳动创造未来的深刻内涵，进而热爱劳动，进入社会后能够辛勤劳动、诚实劳动和创造性劳动。要通过劳动教育实现树德、增智、健体、育美的效果。可以说，劳动教育是学生成长为德智体美劳全面发展的社会主义建设者和接班人的重要育人路径。专业教育是学生学习专业技能的主要媒介，也是实践报国的重要资本。在专业教育中，学生体会自身专业在推动产业发展和进步中的积极价值，对于未来产业的发展坚定信心。这种实业报国的决心和教育中的"大德"是一致的。这种价值上的共通是劳动教育融入专业教育的价值逻辑。

2. 工具上的共享：基于实践的育人品格

2020 年，《中共中央国务院关于全面加强新时代大中小学劳动教育的意见》指出，普通高等学校要明确劳动教育主要依托课程，其中本科阶段不少于 32 学时，除劳动教育必修课程外，其他课程结合学科、专业特点，有机融入劳动教育内容；明确要求健全劳动教育课程，设立劳动教育必修课和劳动周，保证必要的劳动实践时间。[①] 劳动教育作为高校五育并举体系的重要组成部分，自然要有自己的课程体系和建设目标、教学方式。然而，高校系统性劳动教育开展时间起步较晚，同时，劳动教育并没有真正成为和德育、智育、美育、体育并重的教育内容。虽然当前高校也开设了劳动教育课，但多是以理论讲授和课外实践的形式展开，真正启迪学生智慧的实践活动较少。专业教育是高校的核心业务板块，从事专业生产劳动是学生淬炼专业技能的主要路径。劳动教育融入专业课程，在生产性劳动和创新性劳动实践中启迪学生智慧，引导学生思考产业、行业发展，不断累积参加社会建设的资本，为产业报国提供智力支持。这种基于实践形式的共享是劳动教育融入专业教育的工具逻辑。

3. 内容上的共建：基于"四个回归"的教育要求

"新时代高校 40 条"从学生、教师、学校和教育四个层面提出要全面坚持"四个回归"，即"回归常识、回归本分、回归初心、回归梦想"。

---

① 中共中央国务院关于全面加强新时代大中小学劳动教育的意见[N]. 人民日报，2020-03-27.

推进"四个回归",把人才培养的质量和效果作为检验一切工作的根本标准。①回归常识指的是高校要围绕学生刻苦读书来办教育,引导学生求真学问、练真本领。对大学生要合理"增负",真正把内涵建设、质量提升体现在每一个学生的学习成果上。回归本分指的是高校要引导教师热爱教学、倾心教学、研究教学,潜心教书育人。坚持以师德师风作为教师素质评价的第一标准,在教师专业技术职务晋升中实行本科教学工作考评一票否决制。回归初心指的是高校要坚持正确的政治方向,促进专业知识教育与思想政治教育相结合,用知识体系教、价值体系育、创新体系做,倾心培养建设者和接班人。回归梦想指的是高校要推动办学理念创新、组织创新、管理创新和制度创新,倾力实现教育报国、教育强国梦。②"四个回归"对新时代本科教育提出了新的要求。高校的德育、智育、体育、美育、劳育必须要齐头并进,才能全面提升学生德智体美劳各方面素质。专业教育是高校的主要业务板块,是高校输出技能型人才的核心素养。劳动教育要积极融入专业教育,既融入专业生产劳动,又能为专业教育提供新的视野和格局。这种内容上的共建是劳动教育融入专业教育的内容逻辑。

(三)劳动教育融入专业教育的困难

劳动教育融入专业教育的过程中很容易出现劳动形态狭窄化、融入形态僵化、教育地位弱化和教育过程淡化的现象,这些现象客观上造成了劳动教育融入专业教育的困难,也不利于高校德智体美劳五育并举教育体系的构建。

1. 劳动教育融入专业教育过程中劳动教育形态狭窄化

劳动是劳动教育的主要实践工具。脑力劳动、体力劳动、创造性劳动是劳动的不同形态,也是开展劳动教育必须要全面实践的劳动。在劳动教育融入专业教育之后,由于高校专业教育多是以脑力劳动为主,不需要学生出力流汗,付出体力劳动,所以在开展具体的劳动实践环节中,

---

① 陈宝生.在新时代全国高等学校本科教育工作会议上的讲话[J].中国高等教育,2018(Z3):4-10.
② 陈宝生.在新时代全国高等学校本科教育工作会议上的讲话[J].中国高等教育,2018(Z3):4-10.

脑力劳动和创造性劳动几乎占据了全部的劳动形态。虽然新技术的发展使得人工得到很大程度的解放，但体力劳动所带来的积极情绪体验、人与自然辩证关系的体验是其他劳动形式无法替代的。因此，在推进劳动教育融入专业教育的过程中，不能狭窄化劳动教育的范畴，要全面开展多种形态劳动教育，避免劳动教育狭窄化。

2. 劳动教育融入专业教育过程中劳动教育融入形态僵化

劳动教育的价值是树德、增智、健体、育美，这种价值功能是劳动教育与德育、智育、体育、美育相融合的关键。劳动教育的树德、增智、健体、育美功能并不是单单通过纯粹的劳动教育实现的，而是在与其他教育体系融合之后呈现出的综合功能状态。这样就意味着劳动教育必须要与智育、体育、德育、美育融合起来，实现你中有我、我中有你的良好状态，而不是将劳动教育置于其他教育内容的表面，形成互补联结的板块，生硬地嵌入到其他体系教育之中。这种僵化的劳动教育融入模式既不能实现劳动教育的功能，也不能促进其他教育体系育人目标的实现。

3. 劳动教育融入专业教育过程中劳动教育地位被弱化

德育、智育、体育、美育、劳育是中国特色社会主义教育体系的组成部分，他们是一个不可分割的整体，你中有我，我中有你，共同助力于德智体美劳全面发展。劳动教育融入专业教育的过程也是劳动教育融入德育、智育、体育、美育的过程。劳动教育因其教育特点，能够很好地与其他育人体系相融合。劳动教育广而泛的教育内容使得教师必须要掌握全面的知识，这对于教师的知识结构要求较高，再加上劳动教育的效果很难在一两年之内表现出来，也就使得劳动教育融入其他育人体系之后，往往被置于"角落"，在教学时间、实践时间上都得不到充分保障，呈现出被弱化的现象。

4. 劳动教育融入专业教育过程中劳动教育过程淡化

劳动教育既需要理论教育，也需要实践教育，二者不可偏废。然而现实中经常会出现劳动教育被淡化的现象。特别是在课时紧张、师资紧张的情况下，劳动教育的重要性就仅仅存在于文件通知之中，实践环节出现得很少，往往出现"说起来很重要、做起来次要、忙起来不要"的问题。如劳动教育融入专业教育，在内容融入中要讲授劳动伦理、劳动关系等内容，但在实际操作中，往往只是在规划方案中列出了内容要点，在实际课堂教学中偏重专业知识教育，对于劳动教育的理论知识谈及较少。与此同时，劳动教育的过程是引导学生体验劳动付出与劳动收获、人与自然关系的实践过程，现实中往往由于学时紧张或缺乏必要的约束性规则使得劳动教育过程被简化、淡化处理。

（四）劳动教育融入专业教育的实践路径

劳动教育与专业教育是高校育人格局中的重要组成部分，二者内在价值一致，育人根据共享、教育内容共建，具备融合的全部条件。以下结合新农科教学改革实践，对劳动教育融入专业教育的实践经验进行总结，为劳动教育更好地融入专业教育提供思考。

1. 坚持广视角，实现劳动教育与不同专业全面融合

劳动教育着重于培养学生的劳动能力、劳动情感、劳动态度，形成社会主义劳动观，是高校劳育、智育的主要途径。专业教育是高校的立校之本，也是培养高素质人才的主渠道，是高校开展智育、体育、美育的主要途径。劳动教育和专业课程在内在的深度一致是二者融合的基础。一方面，学习专业知识本身需要学生付出大量的体力劳动和脑力劳动，另一方面，专业教育的最终价值归宿是培养学生的专业技能，即培养学生未来成为劳动者所必需的劳动技能。新农科建设着重于培养学生的综合素质，由从前的"专"变为现在的"广而专"，即学生既要掌握扎实的专业知识，还需要掌握广泛的人文知识，更需要掌握新科技革命带来的新技术和新改变，这些都需要大量的学习劳动才能掌握。实现劳动教育与不同专业的结合，是基于德智体美劳全面发展的育人格局这一宽广视角，而劳动教育与专业的融入既能够整合专业教育的育人启智的功能，也可以促进劳动教育领域和载体的拓展。如"基于全产业链的水产养殖'三型'人才培养模式创新与实践"既要求学生掌握水产养殖的核心技术，也要求学生掌握信息技术、大数据处理、流通加工、物联网等知识，实现全面融合式发展。

2. 坚持全过程，将劳动教育融入人才培养全过程

人才培养方案是高校开展人才培养工作的"定海神针"，是学校各项业务的规范指南。要实现劳动教育与专业教育的深度融入，必须要从人才培养方案的大局进行统筹规划，让劳动教育融入人才培养方案的各个板块，实现人才培养方案对劳动教育目标的全面支持。基于新农科教学改革实践经验，实现劳动教育在人才培养全过程的融入，必须要做好几点。

第一，着眼于国家发展新要求和产业、行业新需求，结合毕业生就业情况和培养反馈机制，优化设计培养环节、课程体系和教学内容，创新教学方法，更新教学理念，确保课程体系不断完善，不断提升学生满意度和人才培养质量。

第二，从人才培养方案中明确劳动教育的课程性质，对课程大纲、教学安排、教学周程、教学内容、教学目标、学分课时进行明确，让学生充分知晓劳动教育课的课程性质、课程定位以及每学段的学习重点。

第三，增设创新学分，强化学生实践环节的劳动参与。如在新农科人才培养方案中，对毕业生创新学分分值和内容进行规定，每生必须要修满 4 分创新学分，创新学分可通过发表学术论文、参加学术研讨会、参加创新创业比赛、考取专业证书、志愿服务和社会实践等获得，拓展学生在劳动领域的实践内容，全面涵养学生的劳动情感。

3. 坚守主渠道，在潜移默化中实现劳动教育全融入

课堂是学生获取知识的主渠道，也是开展劳动教育的主渠道。要实现劳动教育与专业教育的全融入，就必须要抓好课堂教学这个主渠道，通过全面系统的知识教育和实践教育，完成劳动教育理论导入和实践强化。结合新农科教学改革与实践，可从三个方面实现劳动教育在主渠道的全面融入。

第一，围绕专业，系统开展劳动知识教育。结合农学专业在实际产业发展和用工过程中的劳动环节，全面讲授劳动意识、劳动伦理、劳动关系等方面的教育，让学生通过劳动关系理解生产关系和社会关系、通过劳动伦理和劳动意识建立基本的劳动态度。

第二，围绕产业和行业发展开展劳动生涯规划、就业平等、社会保

障、员工福利、劳保安全等方面的精准化教育。让学生通过深入全面的教育做好个人职业规划，科学评估用人单位劳动环境，为劳资关系和谐、劳动环境安全奠定基础。

第三，围绕真实案例开展劳动能力评估与检验。依托产业实践育人基地和行业典型案例，利用周末和寒暑假，让学生深入一线了解生产环境，了解企业劳动状态，同时结合典型案例，通过无领导小组讨论、头脑风暴等讨论式、启发式教学，让学生辨析劳动能力、劳动素养、劳动情感、劳动态度等概念，进而坚信社会主义劳动观。

4. 突破关键点，解决劳动教育融入专业教育的"卡脖子"问题

新时代劳动教育的基本要求是培养学生热爱劳动的理念，进入社会后能够辛勤劳动、诚实劳动、创造性劳动，养成良好劳动习惯，培育良好劳动品格。劳动教育要实现树德、增智、健体、育美的效果，必须要与各个专业深度融合，其融合的关键点在人才培养这个核心环节。结合新农科培养"懂农业、爱农村、爱农民"的目标，从人才培养的关键点着眼，针对劳动教育融入专业教育进行全面布局和综合考量。

第一，抓好学习纪律。学习是学生最主要是劳动形式，是体力劳动、脑力劳动和创造性劳动的集合体，学生在学习过程中体现自己的价值。作为劳动教育的教学对象，学生依据自身对课程内容的理解和内化，在劳动实践中获取劳动能力，从而满足社会发展对劳动者素质的要求。因此，抓好学习纪律，严格考风、学风，对考试、实验测试、实习评级、毕业论文答辩等环节从严，杜绝形式主义，让学生切实学有所获，学有所得。

第二，抓好诚信教育。诚实劳动是重要的劳动品质，也是衡量教学水平和学生学习效果的重要指标，抓好学生诚信教育，是培养优秀劳动品质的重要内容。我们要加大对不诚信行为的处罚力度，加强对学术论文、实验报告查重处理等。

第三，是抓好创新品质。创新是国家发展的动力，也是劳动教育培养的目标。要在辛勤劳动、诚实劳动教育的基础上，强化创新劳动的训练。如在生产实习中强化学生的实习报告评估，通过学生实习日志发掘学生发现问题、解决问题的能力；在毕业论文设计环节强化学生的自主设计等，不断给学生开展创新劳动提供平台，让学生成长为有智慧、有

技术、会发明的新时代劳动者。

5. 抓好示范者，找准劳动教育融入的关键人

教师是课程的建设者，是传道者，课堂质量的质控人。劳动教育融入专业教育的效果如何，关键在于教师的教授指导。亲其师才能信其道，抓好教师队伍，就是抓好劳动教育融入专业教育的关键少数人。教育活动是一项示范性极强的劳动，言传、身教和示范是教师完整职业劳动的重要组成部分。结合新农科建设实践，抓好劳动教育课师资队伍，要着重从三个方面切入。

第一要加强师德师风建设，强化教师行为监管。教师是行为的示范者，要求学生做到的规则，教师必须要首先做到，这是提升教师权威的前提条件。

第二是要提升教师专业素养，培养"大先生"。教师的权威除了其本身的道德行为外，最重要的来源在于其专业技能水平。作为实践性极强的农学专业，专业教师必须要掌握扎实的理论技能。在推进新农科建设过程中，明确要求教授必须要主讲一门本科课程，必须要亲自参与课程建设。在教师年度考核中明确教学任务考核要求。与此同时，落实国家"破五唯"的要求，将学生评教纳入教师考核指标体系，提升教师对本科专业教学的重视程度，提升课堂教学质量。

第三要做劳动教育的示范者。农学是实践性非常强的学科，教师在指导学生的过程中必须要进行生产示范。在推进新农科建设过程中，学校在顶层设计中将教师参加一线生产的时间和频率进行了规定，同时，专业课教师必须要与学生同吃、同住、同劳动，确保教师实践技能处于最新状态。

6. 应对新挑战，做好劳动教育"金课"建设

伴随着科技革命和互联网技术的飞速发展，人类进入信息时代，开启了人工智能新时代。劳动比以往任何时候都具有更加丰富的概念和内涵。体力劳动、脑力劳动和创造性劳动在人类生活所占的比重发生了变化。因此，劳动教育融入专业教育，重点要将劳动的内涵与时代对接，要及时回应时代的要求，把劳动转化为一切动手动脑的行为。也即是说，新的发展阶段开展劳动教育必须要把握住两个核心要素。第一，必须要

强调知行合一。知识的获取必须要经过理论的学习和实践的检验,进而内化理论的核心内容。手脑并用是获取知识的手段,也是知识内化的重要途径。第二,要面对真实世界而非虚拟世界。互联网技术带来的人工智能水平越来越高,越来越多的人从传统劳动形式中解放出来,但现实产业的发展仍需要大量的体力劳动、脑力劳动和创造性劳动。将劳动教育融入专业教育之中,必须要将两个核心元素全面融入,在学生学习专业技能的同时播撒下劳动的种子。

如在推进新农科建设过程中,紧密对接新时代的要求,在做好融入的同时,借鉴国内外先进的经验,灵活运用虚拟仿真技术开展校内实习,在校内虚拟实习的基础上,将学生推向产业,开展生产实习劳动,在理论学习、仿真实习、生产实习的递进强化中提升学生的劳动技能和劳动素养。此外,积极引进社会资源,开展融合式办学。引进优质网络课程,丰富劳动教育课课程资源,如引入慕课丰富理论课程资源,引入翻转课堂、微课等创新教学形式,多措并举共同提升劳动教育的水平和质量,将劳动教育打造成真正的育人"金课",增强劳动教育的时代性、趣味性、互动性和有效性。

十、基于新农科建设的高校劳动教育与产教融合相结合

党的十八届三中全会明确提出:"加快现代职业教育体系建设,深化产教融合、校企合作,培养高素质劳动者和技能型人才。"2017 年党的十九大报告指出:"深化产教融合、校企合作,加快一流大学和一流学科建设,实现高等教育内涵式发展。"[1]同年,国务院《关于深化产教融合的若干意见》发布,明确要求同步规划产教融合和经济社会发展,逐步提高行业企业参与办学程度,全面推进校企协同育人;用 10 年左右的时间,总体形成教育和产业统筹融合、良性互动的发展格局,健全完善需求导向的人才培养模式,基本解决人才教育供给与产业需求重大结构性矛盾,显著增强职业教育、高等教育对经济发展和产业升级的贡献。[2]

---

[1] 中国共产党第十九次全国代表大会文件汇编.北京:人民出版社,2017:36-37.
[2] 国务院办公厅关于深化产教融合的若干意见[J].教育科学论坛,2018,(3):3-7.

国家自上而下对于产教融合发展的规划标志着新时代高校将以培养适应现代产业发展的高素质劳动者作为重点任务，面向市场、面向产业办学将成为高校的重要办学改革方向。

产教融合通常是指生产与教育的一体化，在生产实境中教学，在教学中生产，生产和教学密不可分，水乳交融。[①]产指的是产业，教指的是教育，产教融合，从字面意思来看指的是产业与教育融合发展，产教融合着力破解高校人才培养脱离产业链、需求链的难题。劳动教育作为高校教育体系的重要内容，既是传承我国教育与生产劳动相结合的优良办学传统，又是在继承传统之上的创新，面向新时代的劳动教育着力提升劳动人才综合素养，从全产业链的视角全面增强人才培养适配度。这也是劳动教育与产教融合深度结合的基础关键点。

（一）推进劳动教育与产教融合相结合的意义

劳动教育是高校五育并举的重要组成部分，具有树德、增智、健体、育美的良好育人功效。推进劳动教育与产教融合的深度结合，有利于提升高校产教融合的深度、丰富高校产教融合的内涵，激活高校产教融合创新力，实现社会效益、经济效益的最大化。

1. 劳动教育推动产教融合的高质量发展

第一，劳动教育丰富产教融合内涵，提升产教融合质量。

当前高校与企业开展的产学合作多是基于共同的科研课题或者项目开发，基于项目开发形成的合作关系松散、合作周期短。因而现有产教融合多以短期目标为主，融合深度不够。不论是企业还是高校，均没有关于产学融合的顶层设计，缺乏以人才成长为中心目标的统筹规划。基于劳动教育的产教融合，可以打破过往产教融合周期短、融合浅的问题，高校和企业以人才培养目标为核心任务，通过顶层设计，调动企业、学校各类教学资源，从产业链、需求链、培养链全面增强学生素养与产业需求的匹配度，增强校企产教融合的深度。

[①] 曹丹.从"校企合作"到"产教融合"——应用型本科高校推进产教深度融合的困惑与思考[J].天中学刊，2015，30（1）：133-138.

此外，企业深度参与高校人才培养工作，有利于增强企业的辨识度，提升学生对于产业的认同度，从而使学生能够稳定专业思想，继而扎根产业一线，成长为具有扎实劳动技能和劳动素养的高素质人才。对于企业而言，和谐稳定的劳动关系有利于提升企业生产力，增强企业内聚力。企业全程参与学校人才培养工作，能够对学生形成引领示范作用，引导学生精湛技能、端正劳动态度，从而在进入职场后，遵守劳动伦理，恪守职业规范，成长为适应产业发展需要的高素质劳动者。

第二，劳动教育有助于提升产教融合创新力。

劳动教育的目标是引导学生热爱劳动，辛勤劳动、诚实劳动，创造性劳动，通过劳动，实现主观世界与客观世界的改造，发挥劳动教育树德、增智、健体、育美的良好育人功能，使学生成长为德智体美劳全面发展的社会主义建设者和接班人。大学生是社会创新的骨干和新锐力量，他们思维敏捷、不拘一格，行动力强，对于新生事物具有很高的敏锐度，他们天然具有很强的创新力，在劳动教育与产教融合的深度融入过程中，通过劳动教育，引导学生手脑协同，不断夯实专业理论知识，在劳动实践中不断深化对专业、产业和行业的认识，打破惯性思维，发挥创新热情，形成创新原动力。校企产教融合过程中，企业吸引学生积极参与创新实践项目，发挥青年学生攻坚克难的优势，同时，在行业精英的带动示范下，学生能够近距离地对科学思维、创新实践、产业进步进行深入理解，在不断地创新实践中培养创新品质，增强创新力，提升产教融合的创新高度。

第三，劳动教育有助于提升产教融合的深度。

产教融合的核心价值诉求是发挥产业和教育的优势资源，实现二者的优势互补，形成育人新势力。教主要是在高校内部进行的思想引导、能力训练和生活教导，着重于学生综合素质的全面提升，立德树人是高校教育的重要使命和责任。可以说，如何做人贯穿高校教育全过程，是学校教育的最大价值所在。"产"主要由企业和产业承担，着重于培养学生做事的能力和素质。企业是以效率和质量取胜，如何高效快速地完成生产任务、实现企业生产效益和社会效益的最大化是企业的重要任务。产教融合过程中，学生一方面在学校系统接受做人的教育，有担当、有作为，在劳动教育的系统培养下，养成热爱劳动、辛勤劳动、诚实劳动和创造性劳动的优秀劳动品质以及劳动伦理和劳动技能储备。另一方面，在产教合作项目中深入生产一线，实现理论学习与生产实践的对接，从实践层面检验理论学习的有效性，强化技能提升。可以说，产教融合充分发挥了二者在做人、做事上的优势，实现学生能力与素质的双提升，推动了产教融合的深度。

2. 产教融合促进劳动教育完善与发展

产教融合作为高校育人改革的重要窗口，是充分发挥产业优势和教育优势，实现资源共享、助力人才培养的双赢之举。劳动教育与产教融合的深度结合可以为高校劳动教育的发展与完善提供良好社会支持，丰富劳动教育实践场域，助力劳动教育体系完善，共画育人同心圆。

第一，产教融合有助于拓宽劳动教育实践场域。

产教融合是高校与企业实现优势互补、共担育人大计的重要创新，产教融合着力于在生产中教学、在教学中生产。因而，产教融合以学校人才培养总目标为纲领，融合企业、高校优势资源，以合作项目为依托，循序渐进，着力提升学生的实践能力和理论水平。劳动教育着力于培养学生形成良好的劳动品质、高尚的劳动伦理和热爱劳动、辛勤劳动、诚实劳动、创造性劳动的良好劳动能力，形成马克思主义劳动价值观，在劳动教育中实现自我主观世界和客观世界的改造。劳动教育既包括理论层面的教育引导，也包括实践层面的激活强化，是手脑并用、出力流汗的过程。产学融合为开展劳动教育提供了新的场域，是学生深入生产一线、了解行业发展、洞悉产业规划的最佳窗口。因此，深入推进劳动教育与产教融合的深度结合，可以拓宽劳动教育的实践场域，完善劳动教育实践环节教育，强化学生劳动素养的实践养成。

第二，产教融合有助于完善劳动教育体系。

劳动教育体系是高校人才培养体系的重要组成部分，包括师资队伍建设、人才培养方案、评价体系、科学研究体系等内容。面对庞大的内容，贯穿劳动教育的主线是唯一的，那就是通过劳动教育，引导学生形成马克思主义劳动观，形成热爱劳动、辛勤劳动、诚实劳动、创造性劳动的良好品质，通过劳动教育实现树德、增智、健体、育美的良好育人效果。概括起来说，贯穿劳动教育体系的主线就是劳动教育的价值目标——培养德才兼备、适应产业发展的高素质劳动者,也即学习实践的有机统一。劳动教育体系的主线需要大量生产实践的机会和时间累积,产教融合则刚好可以契合劳动教育对于生产实践的需求,通过将产业教育融入高校教育体系内,丰富了劳动教育的实践场域,整合了高校优质创新资源,实现了经济效益、社会效益的高度统一,完善劳动教育体系,实现高校育人价值的最大化。

(二)劳动教育与产教融合相结合的困境

劳动教育与产教融合虽各具优势,深度融合也有利于整合资源,实现育人效力的倍增。但在现实教育情境下,劳动教育与产教融合的深入结合仍面临不小的困境,主要表现为劳动教育与产教融合的机制不完善,无法实现深度协同,而劳动教育的教学内容、师资配备不能满足产教融合的需求,二者之间存在需求缺口。

1. 劳动教育与产教融合的机制尚未形成

当前,高校与企业之间的合作领域、合作范围越来越广泛,但多是专业教师基于科学研究所开展的横向项目合作,是以科学研究为导向的项目合作,这种合作模式并没有将学生纳入,学生参与的深度和广度不足。国家关于高校产教融合的指导意见明确了以学生培养为导向的合作模式,这种合作模式重在使高校和企业着眼于深层次的文化价值层面,在共同的文化价值驱动下,共同承担人才培养的任务,实现人才培养、经济效益和社会效益的最大化。当前开展的产教合作范围窄,合作内容单一,没有形成基于共同文化价值之上的合作纲领。而劳动教育所要结合的产教融合是一种基于大劳动观教育视角,面向企业、行业和市场需求,基于全产业链供应需求,在产、学、研三个方面融合共生,优势互补,创造良好的市场价值和社会价值的融合。这种潜在的需求与当前产教融合的现状不相匹配,这种不匹配制约了劳动教育与产教融合结合机制的发展与完善。

2. 劳动教育不适应产业发展的新需要

劳动教育是面向学生开展的关于劳动科学知识、劳动技能、劳动伦理、劳动品德的教育,着重于使学生养成良好的劳动品质、培养良好劳动技能，形成马克思主义劳动价值观，成长为德智体美劳全面发展的社会主义建设者和接班人。因此，现阶段高校劳动教育主要是高校内部的教学活动，这也就意味着高校劳动教育的办学层次、办学水平不高，教师专业化、职业化水平不够、行业、企业和社会机构的参与度不高，劳动教育的办学现状影响了学生整体的劳动素养，也影响了劳动教育与产业融合的融合进程。虽然当前也开展了不少产教融合示范，但这种合作仅限于专业课程领域，基于劳动教育领域的产教融合尚未开展试点，因此，二者在融合点的选择和对接上还存在不少的问题。此外，高校教育注重理论体系的完整，且高校教育最重要的是教会学生做人，打好做事的基础，在培养学生实践操作方面稍显不足，对于产业转型、社会需求的敏感度不高，这使得学生在校内接受的劳动实践训练难以适应企业对高质量劳动技能的需求。

（三）基于新农科建设的高校劳动教育与产教融合相结合的路径

国务院《关于深化产教融合的若干意见》中明确提出要充分发挥政府、企业、教育、社会组织在产教融合中的重要作用，搭建"四位一体"架构，充分发挥各自的职能和优势，协同推动产教深度融合。

高校推动劳动教育与产教融合的实质是高校、企业、社会、政府发挥各自优势，实现人才培养和经济效益的最大化。在新农科建设背景下，可通过依托国家乡村振兴战略，打造现代产业技术学院，构建高校人才培养高地；依托劳动教育，凝聚高校智力资源，打造产教融合创新共同体；拓宽教师来源，强化企业在产教融合中的主体作用；发挥学生主体作用，实现劳动教育与生产实践完美融合等路径，协同推进劳动教育与产教融合深度结合。

1. 依托新农科建设，打造现代产业技术学院

2018年6月，新时代全国高等学校本科教育工作会议召开，拉开了我国新一轮高等学校教育教学改革的大幕。2019年4月，教育部、科技部等13个部委联合展开"六卓越一拔尖"2.0启动大会，全面推进新工科、新农科、新医科和新文科建设。这是我国高等学校学科建设和人才培养的又一重大战略举措。2019年，国家启动新农科建设"三部曲"：

"安吉共识""北大仓行动"和"北京指南"。"安吉共识"从宏观层面提出了要面向新农业、新乡村、新农民、新生态发展新农科的"四个面向"新理念,"北大仓行动"从中观层面推出了深化高等农林教育改革的"八大行动"新举措,"北京指南"将从微观层面实施新农科研究与改革实践的"百校千项"新项目。①新农科"三部曲"层层递进、环环相扣,共同构成了新农科建设体系——"安吉共识"吹响了"集结号","北大仓行动"打好了"基础桩","北京指南"将推动新农科建设从"试验田"走向"大田耕作"。②新农科建设为高校农林专业改革与发展提供了新思路和新方向,高校在推进劳动教育过程中,在统筹考虑新农科建设对高校人才培养提出的新要求的基础上,通过建立现代产业技术学院,实现校企双方在人、财、物方面的共享,在资源共享基础上,打造融合平台,为劳动教育与产教融合的深度融入提供平台支持。

2. 依托劳动教育,打造产教融合创新共同体

劳动教育的重要内容是引导学生能够正确认识劳动的意义和价值,从而培育积极的劳动情感,热爱劳动、辛勤劳动、诚实劳动,继而开展创造性劳动。创新是国家兴旺发达的不竭动力,也是国家掌握核心关键技术、实现民族独立自强的关键所在。劳动教育所倡导的创造性劳动归根结底是培养学生形成创新思维、训练创新能力。青年大学生正处于人生中的最好时光,思维敏捷、身体健康、学习能力强,对于新鲜事物的敏锐度高,他们是国家重要的创新预备队。产教融合正是要发挥企业的生产优势和学校的智力优势,汇聚创新高地,形成创新新势力。通过劳动教育课程,结合产业行业前沿需求,培养适应企业需求的具有良好劳动品质的高素质学生。参与产教融合的企业可以便捷地从高校获得高素质的优秀人才加入企业,同时,企业精英参与高校教学改革、人才培养的过程也是完整展示企业文化价值、宣传企业形象的重要窗口,更是企业员工接受再教育的过程。劳动教育与产教融合的深度结合以学生全面成长成才为中心任务,包含做人训练和做事训练两个层面。企业可以充分发挥青年大学生创新潜能,用较低的成本实现新产品研发、新技术革

---

① 新农科建设推出"北京指南"[J].中国农业教育,2019,20(6):104-106.
② 新农科建设推出"北京指南"[J].中国农业教育,2019,20(6):104-106.

新、新设备改造、新品种选育等，节约企业研发成本，提升企业经济效益，而学生在企业中的全程参与既强化了个体的劳动技能，又促进了个体素质的提升。校企双方共享优势资源，实现了价值最大化。

3. 拓宽教师渠道，强化企业在产教融合中的主体作用

教师是产教融合的主要参与者，也是实现劳动教育与产教融合教育价值的重要主体。在新农科建设背景下协同推进劳动教育与产教融合，必须要发挥教师的引领作用，实现劳动教育与产教融合的高度契合。高校劳动教育教师队伍按照专职+兼职的办法建设，产教融合中的"产"要求高校教师必须要熟悉生产、熟悉产业发展趋势，这也就向劳动教育教师提出了更高要求。高校教师一般是具有研究生学历的专门人才，他们对于自己所学专业、所研究领域具有高度的熟悉感，但对于劳动教育则相对较为陌生。劳动教育师资队伍培训是面向专职教师和兼职教师开展的关于劳动科学和知识的培训，培养一批既有专业技术知识又有劳动教育科学知识的教师。在生产中进行教育是推进劳动教育与产教融合深度结合的重要内容，基于此，在新农科建设过程中深入推进劳动教育与产教融合的深度结合，要拓宽教师来源，引入企业生产精英，挖掘企业教育资源，发挥企业精英扎实的生产技术经验，引入企业精英参与学校内部教学改革、实习实训标准制定等，让企业深度参与到高校人才培养各个环节。

4. 强化学生参与，实现劳动教育与产教融合深度结合

劳动教育与产教融合的深入结合，归根结底是为了完善劳动教育体系，提升劳动教育育人效果，提升人才培养适配度。因此，在推进劳动教育与产教融合结合的过程中，必须要强化学生的参与，增强学生的获得感，这也是评价劳动教育与产教融合相结合的效果的重要指标。如可通过完整的生产实习，保证学生生产实践的时间。量变引起质变，没有量的积累很难达到质的改变，学生想要获得扎实的生产技能，必须要深入生产一线，且要有足够长的参与时间。在手脑联动中体会知识的正确、在出力流汗中感受劳动的艰辛、在协作配合中体会合作共赢的正确，通

过一线生产实践达到改造主观世界和客观世界的目的。也可通过企业平台开展大学生创新实训,通过一对一的导师对接,让学生在企业平台开展实验实训,激发学生发现问题、思考问题、解决问题的能力。学生的深度参与是落实劳动教育与产教融合相结合的核心内容,激发学生的参与热情、启发学生的创新潜能,让学生在劳动教育与产教融合相结合中有收获、有提升,才能形成劳动教育与产教融合相结合的品牌效应,吸引更多的企业、学生、教师参与其中,真正使得劳动教育与产教融合深度结合机制成形落地。

十一、基于新农科建设的高校劳动教育与网络空间的融合

网络技术的发展催生了新的劳动形态,也继而诞生了新的劳动场域——网络空间。新时代大学生成长于互联网技术迅猛发展的时期,对于互联网有着天然的亲近感。网络已经成为他们生活中重要的空间场域。在推进劳动教育过程中,如何引导学生理解新形态的劳动已成为劳动教育的重要内容。基于现代技术构造的现代农业,也必然离不开网络技术的应用与发展,因此,高校要统筹推进劳动教育与网络空间相融合,在新的劳动教育场域引导学生正确认识劳动、培养劳动感情、形成良好劳动品质,使学生成长为具有扎实网络空间应用能力的新时代劳动者。

(一)劳动教育与网络空间相融合的可能性与必要性

1. 劳动教育与网络教育相融合的可能性

科学技术的深入发展既为个体提供了丰富的物质生活,也对个体生活世界带造成侵扰,破坏了原有生活世界的秩序,带来碎片化思维和疏离的人际关系,这些网络的负面影响为劳动教育的融入提供了可能性。

第一,网络冲击私人生活领域,使得私人生活领域公共化。

互联网技术的发展带来社会生活方式的深刻变革,网络的即时性、广泛性实现了信息传播的广泛性。所有的信息和数据都处在时刻分享的状态,无处不在的分享使得网络中的人始终处在公共开放的网络空间,主动公开的信息给个人带来信息共享的乐趣,而被动公开的信息则对个

人的私人空间造成极大的压力和困扰，一个完整的生活必然是个体与社会之间存在必要的张力的，人工智能不断加剧社会生活的不透明性和个人生活的透明性之间的反差，必然引发个体的焦灼不安和意义的失落。①原先处于缓冲地带的私人生活领域处于完全透明地带，私人生活领域的公共化使得个体与社会之间始终处于直接的冲击和对抗，原有私人生活领域的活动被公共活动替代，原有的生活意义秩序被打破，重塑个人生活世界的意义成为当务之急。

第二，网络冲击思维方式，带来个体意义的碎片化。

网络信息的无处不在、无时不有使得个体始终处于信息的包裹之中，信息的大量涌入带来思维的静默。个体变成了单纯的信息接收器，对于信息的加工利用能力不断减弱。碎片化的信息获取影响了个体思维方式的变化，形成碎片化的思维。这种思维模式打破了原本生活意义的完整性，不断侵袭原本的意义世界，打破生活世界秩序。因此，应对信息过度暴露对思维方式带来的挑战，为劳动教育融入网络教育提供了契机。

第三，网络冲击人际关系，带来人际关系的陌生化。

在传统社会，人与人之间的互动是直接的面对面互动，这种互动是基于共同的文化情境的交流。互联网技术的深入发展使得面对面的交流不断减少，基于互联网的线上互动越来越成为社会交往的主流形式，社会交往的情绪性价值不断降低，人与人之间的关系越来越疏离，个体出现归属感危机。劳动教育需要个体之间协同劳作，这种基于共同目标所形成的劳动关系可以为个体提供强烈归属感，能够弥补网络发达产生的个体人际关系的疏离，这为劳动教育融入网络教育提供情绪支持。

2. 劳动教育与网络教育相融合的必要性

互联网技术的深入发展为人们的生活提供了极大的便利，也改变了人们对世界的认知。一方面，网络给人们提供了多样化的信息，呈现信息爆炸的状态，人们很难在纷繁复杂的信息中全部决定信息的选择，也很难离开网络作出自己的判断。为此，将劳动教育与网络教育相融合，实现二者优势互补，全面提升人才培养的效力，增强个体生活世界的意

---

① 徐海娇.意义生活的完整性：人工智能时代劳动教育何以必要与何以可为[J].国家教育行政学院学报，2019（11）：88-95.

义，从而创造美好幸福生活，这是推进劳动教育与网络教育融合的必要性。

第一，培养德智体美劳全面发展的人的需要。

教育与生产劳动相结合是社会主义教育的显著特征，是培养人的根本途径。教育与生产劳动相结合是个体在改造客观世界的同时改造主观世界。劳动教育与网络教育相融合，拓宽了劳动教育新场域。个体在劳动协作中体会协作配合、共建共享的意义，培育良好道德品质；通过身心参与，出力流汗，在动手操作中强化对理论知识的理解，在实践训练中获取知识与技能，搭建理论学习和技能学习的完整闭环，实现增智；体力付出使个人的身体得到锻炼，提升个体身体素质，在出力流汗中排解不良情绪，获得良好的情绪体验，增强心理健康水平；劳动实践中劳动者的伟大形象、劳动成果的得之不易也会让实践者对劳动最美丽、劳动最崇高有着深刻的体会。可以说，通过劳动教育可以实现树德、增智、健体、育美的综合育人效果，有利于培养德智体美劳全面发展的新时代劳动者。

第二，合规律性和合目的性的统一。

"马克思主义认为，人的活动是合规律性与合目的性的统一。合规律性是指现实的人认识到了自然规律或社会历史规律，使自己的行动自觉遵循和符合客观规律的要求。自觉按照规律办事，它体现了人的主体性、自觉能动性；合目的性是指人由于认识和把握了事物发展的规律性，在实践中能够达到自己的目的，把理想客体变成现实。"[①]劳动是人们认识自然、改造自然的完整过程，在劳动中人们认识到自然界的规律和人类社会发展的规律，从而更好地认识自然界、认识人类社会。实现劳动教育与网络教育的融合发展，一方面可以发挥劳动在改造主客观世界中的积极作用，另一方面互联网技术可以为人们开展新形态的劳动教育提供支持，在遵循教育规律的基础上，实现生活世界和物质世界的改造与意义建构。

第三，创造美好幸福生活的必由之路。

人是社会性的存在，必须要依托实实在在的现实世界。科学技术的

---

① 宋德孝.科学发展观合规律性与合目的性统一之哲学分析[J].求实，2008（2）：29-31.

深刻变革给人们带来了丰富的物质生活，满足了人类的基本生存需求和发展需求，个体对于生活世界的理解和意义认知更加全面。现实生活世界的完整使得人们确信劳动的深刻力量，坚定劳动创造幸福生活的信念。互联网技术为人们提供了一个便捷的信息世界，人们可以即时、高效地获取想要了解的一切资讯，这在给人们生活带来极大便利的同时，也带来了过剩的信息，增加了人们筛选信息的难度，客观上造成不佳的情绪体验。劳动教育与网络教育的深度融合可以强化人们对于劳动的认知，使人们更加关注物质世界的改造和精神世界的丰富，在不间断的劳动创造中获得美好幸福生活。

（二）劳动教育与网络空间相融合的挑战

1. 教师教学能力参差不齐

劳动教育作为一门课程，必须要有体量合适的师资队伍。高校在推进劳动教育过程中，坚持专兼职相结合的劳动教育教师队伍，一方面是因为劳动教育课教学任务大，教师需求数量高，基于用工成本，需要培养现有教师担任劳动教育课教师。另一方面，劳动教育课树德、增智、健体、育美的良好育人效果可以与学校各类教学资源深度融合，实现劳动教育与各类教学资源相互促进、共同提升的教学目标。然而，由于教师所学专业和所研究方向不同，不同学科教师的劳动理论基础参差不齐，统一的培训难以大幅度提升教师劳动教育教学水平。再加上互联网日新月异的技术变迁，教师很难全面掌握最新的原理技术，互联网新技术虽然为教师开展劳动教育提供了新的教学工具，但也对教师的教学方法、教学技能和信息素养提出了更高的要求，要求教师不断更新知识结构，这在无形之中增加了教师的教学压力。

2. 学生信息获取能力参差不齐

在国家大力推进高等教育的今天，越来越多的学生进入大学。我国当前正处于社会主义初级阶段，发展不平衡不充分的问题还比较突出，经济发展的不平衡不充分也会直接影响当地的教育水平。学生在进入大学后，不同地域、不同地区的学生在利用网络获取信息的能力方面存在较大的差异。互联网大数据可基于个体的浏览数据判断用户的认知水平和兴趣点,根据用户的学习图像进行精准推送。但由于算法是由机器软件自动计算的,因而会忽略掉用户的出身背景、性格和个体差异,在推送中会存在"算法偏见",导致不同用户之间的数据鸿沟越来越大,在劳动教育领域则表现出学生接受的劳动精神教育差别较大,进而在劳动情感、劳动伦理等领域表现出较大的差距。

3. 传统观念影响劳动教育与网络教育的融合广度

在人们的传统认知中,"万般皆下品,唯有读书高"。"劳动特别是体力劳动是不被认可的"这种偏见犹存。这种偏见会在家长养育子女的过程中无形传递出来,影响子女对劳动的认知。在应试教育的指挥下,学生缺少劳动、不会劳动的现象比比皆是。伴随着网络技术的发展,互联网为生活提供了更多便利,也带来了生活方式的变革。特别是新时代大学生的父母,作为网络移民,其对于网络缺乏全面的认知与了解,对于学生在网络空间的过度娱乐化缺乏科学认知,缺乏必要的监督与管理,从而使得网络成为影响劳动教育效果的重要变量。因而,在推进劳动教育与网络教育融合过程中,一些对于网络媒介和劳动的偏见阻碍二者融合的广度。

4. 媒介素养水平影响劳动教育与网络教育的融合深度

良好的社会文化环境可以为劳动教育与网络教育的融合提供良好的外部支撑。在自媒体蓬勃发展和"流量为王"的社会现状下,部分媒体为吸引眼球,在新闻报道中夸大新闻事实,鼓吹享乐主义、消费主义,过度吹捧物质生活的丰富。世界观、人生观和价值观尚未成型的大学生,其对于媒体信息的选择利用能力参差不齐,很容易受到不良社会风气的侵扰。一夜暴富、追求享乐等不良思潮侵扰大学生,因此提升大学生的媒介素养水平是推动劳动教育与网络教育深度融合的前提。所谓媒介素养是指人们对各种媒介信息的解读和批判能力以及使用媒介信息为个人生活、社会发展所用的能力。[①]大学生媒介素养水平指的是学生解读和批判各种媒介信息的能力,直接影响劳动教育与网络教育的融合深度。

---

① 张志安,沈国麟.媒介素养:一个亟待重视的全民教育课题——对中国大陆媒介素养研究的回顾和简评[J].新闻记者,2004(05):11-13.

（三）劳动教育与网络空间相融合的意义

劳动教育与网络教育相融合，可以丰富劳动教育形式，拓展劳动教育场域和空间，为新时代劳动教育提供新动力，助力高校落实立德树人根本任务。

1. 促进学生个性发展

作为一门课程，劳动教育遵循传统课程教学模式，采用一对多的教学模式，教师主导、学生参与。在这种教学模式下，教师是按照学生的普遍情况进行课程的准备和组织工作，难以顾及学生的个性发展，由于学时和教学规模限制，学生也很难与教师开展深入的交流与探讨。实现劳动教育与网络教育的融合发展，可以为学生提供丰富而又多样的课程教学资源，学生可根据自己的学习水平及时全面地进行课程的准备学习，同时结合线下教学，可以在最大程度上满足个性化成长要求。互联网基于大数据算法，能够根据用户的使用习惯评估其认知水平、兴趣，从而形成学生的网络学习画像，进行教学资源的精准投放，最大程度上满足学生的个性化成长需求。

2. 推动教育公平的实现

学生成长过程中所享有的教学资源与其家庭经济水平、家庭所在位置有着密切关系，家庭条件较好的学生可以在正常教学之外购买其他学习资源，增强知识供给量。而处在偏远地区的学生，所处位置和经济条件的限制使其很难购买更多的线下课程资源。将劳动教育与网络教育融合发展，可以充分利用互联网技术的便捷性，实现教学资源的共享。有学者指出，虚拟教学通过网络技术整合不同的学习资源，营造一个不被时空约束的数字空间，缩短地区之间、师生之间的距离，让实时交流成为可能。[①]一方面，互联网开放、包容、即时、共享、便捷的特性可以缩短时空的距离，为用户提供平等交流的学习机会，另一方面，互联网技

---

① 袁利平，张薇.基于虚拟现实技术的教育扶贫及其实现[J].内蒙古社会科学，2020，41（2）：189-196，213.

术的精准投放可以满足学生个性化的成长需求。基于此，将劳动教育与互联网技术融合发展，能够弥补地域差距带来的不平等，实现教育资源共享，推动实现教育公平。

3. 构建开放包容的劳动教育新格局

人工智能教育领域中的泛在教学模式颠覆了传统教学模式，打破了教学的时间、空间、地域的限制，使教育更加开放性、全民化。[①]实现劳动教育与网络教育的融合，能够为劳动教育发展提供新的时间、空间和场域，丰富劳动教育的形式和内容，提升劳动教育的效果。一方面，互联网的泛在性可以随时随地为学生的学习提供支持。在传统教学模式下，学生上课的时间、场地都被严格限制，学生不能进行个性化的安排。引入互联网技术之后，可以拓宽学生学习的时间和空间，学生学习的便捷性大大增加，学生可以进行持续深入的思考，增强了教学的开放性与包容性。另一方面，互联网作为新的教育阵地，融合进了新技术，也呈现出了劳动新形态，能够丰富劳动教育的素材与内容。此外，互联网中关于劳动模范、行业精英事迹材料的宣传，能够为劳动教育教学提供新的教学资源，丰富劳动教育教学场域，推动构建开放包容的劳动教育新格局。

（四）劳动教育与网络空间相融合的基本要求

劳动教育与网络教育融合是人工智能时代提升劳动教育效果的重要变革，二者互联互通，构建共享知识新体系，既能够从互联网角度发掘劳动教育的巨大优势，也能从劳动教育的角度审视网络教育的不足，二者互相补充、利用、共享。我们应按照手脑并用、虚实结合、上下并连的基本要求，实现劳动教育与网络教育融合共生。

1. 手脑并用

首先，从学习结果来看，人们对通过亲历的劳动实践获得的知识与技能的理解通常更加透彻和深入，更加生动、有活力，具有更加强大的支配力量。[②]新时代大学生是网络时代的原住民，他们熟悉网络社会的规

---

① 徐晔.从"人工智能教育"走向"教育人工智能"的路径探究[J].中国电化教育，2018（12）：81-87.

② 徐海娇：重构劳动教育的价值空间[J].中国教育学刊.2019（6）：51-56.

则，懂得网络亚文化，网络对于他们具有无可比拟的亲近感。我们可以将劳动教育与网络教育相融合，为学生感官教育和实践教育提供连接，实现手脑互动，增强知识学习的有效性。其次，网络技术作为一个生产要素，未来将持续渗透各个劳动领域，运用网络技术获取知识的能力将成为衡量劳动者劳动能力的重要指标。劳动教育与网络教育的融合为手脑协作提供了载体空间，提升了学生手脑并用获取网络技术知识的深度和广度，增强其利用网络获取知识和信息的能力。再次，创造性劳动不仅是推动人类社会进步的根本力量，而且体现了人的本质特征，人只有在创造性劳动中，才能使自身得到发展。[①]学生依托网络平台开展创新劳动，是体力劳动和脑力劳动相结合的创新，可以极大增强学生的自我效能感，提升可持续创新的信心与能力。因此，在推动劳动教育与网络教育相融合的过程中，要注意维持体力劳动与脑力劳动的平衡，一方面要让学生在体力劳动中强化对劳动的认知和情感，另一方面要让学生在脑力劳动中完善知识体系，锻炼创新能力。

2. 虚实结合

虚拟现实技术所搭建的学习环境可以让学习者在虚拟世界体验真实世界中的情感，能够以近乎仿真的形式参与到自主探索中，对于推动浸润式情感教学与互动教学具有积极的作用。[②]劳动教育与网络教育的融合，可以丰富劳动教育教学手段，打造劳动教育全新教学生态环境，为学生开展学习提供平台支持。如针对劳动教育中具有较高危险系数的劳动，可以依托虚拟仿真技术，开展虚拟仿真实验，学生通过虚拟操作实现理论知识的实践练习，从而获得对于理论知识的全面梳理和内化。

然而，在推进网络技术融入劳动教育的过程中，也需要格外注意几点：其一是关于劳动情感培育。在虚拟技术下的劳动实践，学生全程进行仿真实习，虽然过程和真实的实践一样，但在虚拟平台上，学生的身体并没有直接的体验，这就要求虚实结合必须要在追求技术的同时，充分考虑到场景的设计。其二是关于亲身实践与虚拟体验之间的经验转换。

---

① 陆文强.创造性劳动：人类社会发展的根本力量[J].求是，2006(11)：52-54.
② 戴永辉，徐波，陈海建.人工智能对混合式教学的促进及生态链构建[J].现代远程教育研究，2018（2）：24-31.

现实是虚拟场景的来源,虚拟又继续创造着现实世界。因此,在学生完成虚拟实践后,要创造条件让学生在现实世界完成亲身实践,从而将虚拟世界的经验与现实世界的经验融合,强化实践流程,获取实践知识,形成完善的知识体系。

3. 上下并连

所谓上下并连指的是线上与线下教学资源的互补利用。互联网的即时性、便捷性和广泛性可以随时随地为学生提供教学资源,形成教学资源高地,学生可在线上自由选择内容翔实、形式多样的教学资源。线下则是传统教学模式,教师主导、学生参与。两种教学模式各有所长,通过将线上与线下相互联通,可以实现优势互补。一方面,在正式课程之前鼓励学生积极利用网络资源开展课程预习,形成对于课程的初步认识、熟悉其中的难点和自己的学习重点线下实践还可以在线下课堂教学中,积极与教师互动,对于自己有疑惑的地方及时与教师探讨交流,从而强化知识学习的效果。线上线下联通共享的知识格局可以夯实学生的理论根基,为学生开展创新实践提供理论指导,线下实践还可以在师生互动中强化劳动情感。因此,在构建上下联通共享的知识体系的过程中,既要注意发挥学生学习的自主性,也要注重教师引导的价值,实现知识学习的最佳效果。

(五)劳动教育与网络空间相融合的路径

1. 提升教师素养,构建网络+劳动教育新模式

教师是开展劳动教育的重要主体,是引导学生系统学习劳动科学知识、培养马克思主义劳动观和积极劳动情感的引导人。在推进劳动教育与网络教育融合过程中,要着力提升教师素养。第一,将计算机技能水平作为教师招聘、选拔的重要内容,不断提升教师应用网络的技能和水平。第二,按照专职+兼职的模式匹配强劳动教育师资队伍,加强教师劳动教育知识系统训练,全面提升教师劳动科学知识水平。第三,引导教师创新教学方式,开展融合式劳动教育创新研究。一方面引导学生用好网络教育资源,通过自学,形成劳动教育基本知识结构。另一方面,教

师可利用"微课""慕课"开展劳动教育创新研究,打造劳动教育优质课程。

2. 家校联动,提升双线联动认同水平

家庭对子女成长具有重要的影响,在全面推进劳动教育与网络教育融合过程中,要发挥家庭在融合教育中的积极作用。第一是转变家长关于劳动的刻板印象,引导家长认识到劳动的伟大意义和育人价值。如通过定期发送学生参与劳动教育获得改变的材料、优秀行业精英的事迹材料等,持续引导,带动家长认知的改变。第二是设置亲子共同参与的劳动实践环节,如仿真劳动实践环节,强化家长的角色,通过家长与学生之间互动学习,改变彼此对于劳动的认知,提高劳动认同,提高家长对于学生成长的参与度,增强亲子关系的良性互动。

3. 开展媒介素养教育,提升学生媒介素养,培养网络时代的优秀劳动者

所谓媒介素养教育,就是指导学生正确理解、建设性地享用大众传播资源的教育,通过这种教育,使学生具有健康的媒介批评能力,使其能够充分利用媒介资源完善自我,参与社会发展。[①]第一,指导学生有效选择信息。信息获取能力是媒介素养教育的前提,如何全面筛选符合自己需要的信息,决定了学生认知的层次和水平。第二,开展思辨教育,引导学生正确评价各种信息。通过媒介素养教育,不断提升学生的媒介素养水平,让学生学会在互联网中去粗取精、去伪存真,学会透过网络信息表象看到本质,这不仅有利于培养学生形成正确的网络劳动能力,也有利于培养学生正确的价值观和劳动观,使其成长为网络时代的优秀劳动者。

十二、基于新农科建设的高校劳动教育与课程思政的融合

课程思政是指构建全员、全程、全方位的育人格局,把思政元素融

---

① 张志安,沈国麟.媒介素养:一个亟待重视的全民教育课题——对中国大陆媒介素养研究的回顾和简评[J].新闻记者,2004(5):11-13.

入各类课程，使"各类课程与思想政治理论课同向同行，形成协同效应"。[①]开展课程思政建设，是高校落实立德树人根本任务，回答"为谁培养人、培养什么样的人、怎么培养人"这一根本问题的重要举措。课程是高校开展育人工作的主要工具，也是高校的主要业务板块，课程思政是高校着眼于全校一盘棋思维，自上而下构建德智体美劳五育并举的育人格局，打破学科、专业壁垒，克服课程教育"孤岛化"，"充分发掘和运用各学科蕴含的思想政治教育资源，健全高校课堂教学管理方法"[②]的重大举措，是培养德智体美劳全面发展的社会主义建设者和可靠接班人的重要依托。2020年，为构建德智体美劳全面发展的教育体系，《中共中央国务院关于全面加强新时代大中小学劳动教育的意见》明确指出，要将劳动教育纳入人才培养方案，开设劳动教育必修课程，并将思想道德评价结果记入学生综合素质档案，纳入综合素质评价体系。[③]劳动教育着重于对学生开展社会主义劳动观教育，引导学生认识劳动的价值与意义，养成良好劳动习惯，培育劳动情感，体会劳动最光荣、劳动最崇高、劳动最伟大、劳动最美丽，长大后能够辛勤劳动、诚实劳动、创造性劳动，达到树德、增智、健体、育美的良好效果。在以课程为主要育人媒介的高校推进劳动教育，必须要与专业课程进行深度融合，课程思政就是实现劳动教育和专业课程有效融合的重要连接符。

（一）劳动教育融入课程思政的价值与意义

课程思政打破了思想政治教育与专业课、通识课"各自为政"的局面，实现教学资源同向同行，共建育人矩阵。劳动教育作为高校育人体系的重要组成部分，理应与各项教育资源共建共融，为高校完成立德树人根本任务、培养德智体美劳全面发展的社会主义建设者和接班人提供载体支持。新时期推动劳动教育与课程思政的深入融合，有利于学生培

---

① 张烁.习近平在全国高校思想政治工作会议上强调，把思想政治工作贯穿教育教学全过程，开创我国高等教育事业发展新局面[N].人民日报，2016-12-09（1）.

② 中共中央国务院印发《关于加强和改进新形势下高校思想政治工作的意见》[J].社会主义论坛，2017（3）：4-5.

③ 中共中央国务院关于全面加强新时代大中小学劳动教育的意见[N].人民日报，2020-03-27.

育积极健康劳动情感、内化劳动精神，进而形成积极的就业观，成长为热爱劳动、辛勤劳动、诚实劳动、创造性劳动的新时代劳动者。

1. 培育积极健康劳动情感，促进学生全面健康发展

劳动情感指的是主体对于劳动者、劳动的认知和态度，它体现的是主体的劳动价值观。劳动可以树德、可以增智、可以健体、可以育美，劳动教育在德智体美劳全面教育格局中处于基础地位，对于其他教育体系有着促进作用。劳动就像是一根线，将所有的育人元素串联起来，形成育人合力。一方面，课程思政与劳动教育的深度融合，你中有我、我中有你的融合状态为课程思政提供了生活化场域，提升了课程思政的亲和力和感染力。另一方面，劳动融入课程思政中，与课堂教学相结合、与课程实习相结合、与课程实验相结合，在理论学习与实践操作中强化劳动要素，让学生能够正确认识劳动，在劳动实践中出力流汗，强身健体，结交朋友，获得积极的劳动体验，升华积极的劳动情感。

2. 内化科学劳动价值，培育担当民族复兴重任的时代新人

不论是劳动教育还是课程思政，都需要首先回答"为谁培养人""培育什么样的人""怎么培养人"的问题，这也是高校办学的首要问题。高校扎根中国大地办教育，必须要培养能够担当民族复兴重任的时代新人，培养能安心、能吃苦、能奋斗的接班人。劳动教育归根结底是培养未来的劳动者，劳动者的素质是关系未来社会发展的决定性因素。

劳动教育与课程思政的深度融入，一方面将劳动教育的价值理念融入课程思政教学各环节，全面解决为谁培养人的问题。学生在课堂接受专业知识教育的同时，了解学习技术、钻研技术、攻克"卡脖子"问题的重大价值与意义，激发青年人创新劳动的潜能。另一方面，劳动教育的实践环节有力强化了课程思政的教学效果。"一粥一饭当思来之不易，半丝半缕恒念物力维艰。"通过情景化的"在场"劳动，学生能够切身体会劳动在改造生产资料过程中的价值，体会劳动创造未来的宏大愿景，在知行合一中内化劳动价值观，立志成长为担当民族复兴重任的劳动者。

3. 提升劳动技能水平，推动学生形成积极就业观

劳动创造历史、劳动创造人、劳动创造未来，劳动的崇高与伟大需

要在实践当中去体悟、去内化。劳动教育与课程思政的深度融合，一方面发挥课程思政的强大优势，在专业教育中融入劳动教育，让学生深刻体会劳动与个人进步、劳动与产业变迁、劳动与社会进步的关系，对于自我与行业、自我与产业、自我与国家的关系有了更深层次的理解。另一方面，发挥劳动教育的实践优势，让学生在实践中观察、实践中反思、反思中升华，进而强化课程思政的德育元素，使学生在直观的感触和亲身的实践中强化劳动生产技能，练就过硬本领，在提升专业技能的过程中提升对社会、对行业、对产业的认知水平，在确定个人发展路径时能处理好个人发展与社会需求的关系、当前利益与长远利益的关系，从而形成积极就业观——在实现中华民族伟大复兴中国梦的过程中实现个人理想与抱负。积极就业观的形成可以有效消除当前就业形势下学生不愿去基层、不愿去艰苦行业的现象，消除消极就业、贪图安逸等不良就业观，使学生在面对就业选择时，坚信个人选择，以踏实勤奋的态度面对就业压力。

（二）劳动教育融入课程思政的逻辑理路

劳动教育与课程思政是高校开展德育的重要依托载体，共同的价值目标、基于社会主义核心价值观的教育内容以及共享的价值工具是二者能够实现深度融合的内在逻辑。将劳动教育融入课程思政之中，可为课程思政提供生活化场域，并通过劳动实现价值的内化。课程思政中融入劳动教育元素，可以拓宽劳动教育的载体，增强劳动教育的专业性和精准性。可以说，劳动教育与课程思政同向同行，共同助力于高校立德树人根本任务的实现。

1. **价值目标趋同——立德树人的培养目标**

劳动教育通过有系统、有组织、有目的、有计划地开展理论学习和实践锻炼，帮助学生端正劳动态度，培养劳动情感，内化劳动精神，继而形成社会主义劳动观。高校要通过系统的劳动教育，让学生认识到劳动创造历史、劳动创造人、劳动创造未来的深刻内涵，进而热爱劳动，进入社会后能够辛勤劳动、诚实劳动和创造性劳动，要通过劳动教育实现树德、增智、健体、育美的效果。可以说，劳动教育是学生成长为德智体美劳全面发展的社会主义建设者和接班人的重要育人路径。"课程思政是中国特色社会主义教育事业发展的产物，促进所有课程与思政课同向同行，以形成一个完整的育人体系，有利于高校落实立德树人根本任务，为社会主义事业培养合格的建设者和接班人。"①课程思政的设计着眼点在于做人，在于明大德，在于立长志，在于有担当。可以说，劳动教育在价值目标设计上与课程思政趋同，这也是二者深度融合的价值逻辑。

2. 教育内容共源——基于社会主义核心价值观的内容呈现

思政课是高校落实立德树人根本任务的重要阵地，但仅仅依靠思政课是远远不够的。课程思政正是在思政课堂之外开展思想政治教育的主要渠道，课程思政与思政课程同向同行，一方面打破了思政课程"孤军奋战"的局面，为开展思想政治教育提供渠道支持，另一方面使各项课程与思政课同向同行，合力完成立德树人根本任务。课程思政主要是在讲授专业知识的同时，向学生传道，让学生明大德、守公德、严私德；让学生做敢于追梦、勤于圆梦的奋斗者，将个人价值的实现与中华民族伟大复兴结合起来，为"中国梦"贡献青春与智慧。可以说，课程思政最主要是让学生内化社会主义核心价值观的要求，再将其外化为追梦圆梦的劳动。劳动教育主要是面向全体学生开展社会主义劳动观教育，社会主义劳动观是社会主义核心价值观在劳动教育领域的具体呈现，它所要培养的是爱党、爱国、爱社会主义的德智体美劳全面发展的时代新人。所以说，社会主义核心价值观是劳动观的核心来源。从二者的核心教育内容来看，劳动教育与课程思政内容共源，这是二者深度融合的内容逻辑。

3. 教育工具共享——基于实践的教育形式

2020年，《中共中央国务院关于全面加强新时代大中小学劳动教育的意见》指出，普通高等学校要明确劳动教育主要依托课程，其中本科阶段不少于32学时，除劳动教育必修课程外，其他课程结合学科、专业特点，有机融入劳动教育内容；明确要求健全劳动教育课程，设立劳动

---

① 赵翼.基于课程思政的劳动教育：价值、问题与实现路径[J].教育观察，2021，10（23）：54-58.

教育必修课和劳动周，保证必要的劳动实践时间。[①]劳动教育作为高校五育并举体系的重要组成部分，自然要有自己的课程体系和建设目标、教学方式。然而，由于高校系统性劳动教育起步较晚，造成劳动教育并没有真正成为和德育、智育、美育、体育并重的教育内容。虽然当前高校也开设了劳动教育课，但多是以理论讲授和课外实践的形式开展，真正启迪学生智慧的实践活动较少。因此，推动劳动教育与课程思政深入融合，依托各类课程体系，挖掘各门课程中的劳动教育原色，将劳动教育的内容融入课程思政的讲授中，形成劳动教育课与专业课、通识课同频共振。一方面课程思政的内容讲授可以让学生系统理解生产劳动的重要意义，另一方面，可借助劳动教育课的实践教学环节，强化课程思政中倡导的价值目标。在双向互动中提升劳动教育课程体系的针对性、完整性和可操作性，使学生在接受课程思政教育时，明晰劳动的重要意义，热爱劳动，培养劳动情感，涵养劳动精神，在专业领域中刻苦钻研、勇攀高峰，开展创新性劳动，形成良好劳动习惯，继而能够辛勤劳动、诚实劳动和创造性劳动，这是二者深度融合的路径逻辑。

（三）劳动教育与课程思政深度融合的困难

劳动教育是高校教育体系的重要内容，新时期推动劳动教育与课程思政的深度融合，还存在重工具价值、轻育人价值，重视脑力劳动和体力劳动、忽视创新性劳动，强调形式融入、忽视内容建构等融合问题。

1. 融合过程中过于强调劳动的工具性价值，忽视其育人价值

形成育人合力、提升人才培养质量是劳动教育与课程思政相融合的出发点和落脚点。劳动教育融入课程思政过程中，劳动教育的工具性价值可以得到很好的运用和发挥，但在深层次的育人价值层面发挥效果不显著。劳动的工具性价值主要包括：第一，劳动教育着重引导学生学会处理人与自然的关系，人类运用技术改造生产资料的过程、人类直接作用于自然界的行为都属于劳动范畴，劳动形式多样，劳动的功能也不言而喻，对于人类社会的发展具有不可替代的重要意义，这是劳动教育的

[①] 中共中央国务院关于全面加强新时代大中小学劳动教育的意见[N]. 人民日报，2020-03-27（1）.

工具性价值——改造自然。第二，劳动教育过程中，学生通过付诸劳动可以实现一定的劳动目标。这个劳动目标可以是物化的产品，也可以是其他的虚拟成果。这种劳动成果可以让学生深刻体悟"一分耕耘一分收获"的道理，体悟辛勤劳动的价值与意义。第三，劳动不仅有脑力劳动，而且有体力劳动和创新性劳动，不同的劳动形式代表着不同的体力投入，其本身并无高低贵贱之别，要让学生正确认识不同形式劳动的价值与意义，如体力劳动中出力流汗强身健体，创新性劳动可以极大推动社会进步等。劳动教育的巨大价值是其能够成为五育之一的重要原因，当前高校在推进劳动教育与课程思政融合过程中，过于强调劳动的工具性价值，忽视了劳动的育人价值，即劳动在处理个人与社会的关系、个人利益与社会整体利益关系中的调节引导作用。

2. 融合过程中过于强调脑力劳动和体力劳动，对创新性劳动关注不足

根据劳动过程中所付出的力量来源可以将劳动分为体力劳动、脑力劳动和创新性劳动。第一，过分强调体力劳动和脑力劳动，对创新性劳动关注不足。劳动教育融入课程思政的过程中，课程实验环节、课程实践环节都需要大量的生产性技术劳动，这使得劳动教育的融入自然顺畅，将劳动教育的融入简单等同于劳动的介入，缺少对创新性劳动的关注。第二，劳动教育融入缺少价值整合。在劳动教育融入课程思政的过程中，可以结合课程思政本身已有的实践环节进行内容联结，实现融合的过渡。在融合进展顺利之后，缺少对劳动教育精神的凝练升华，使得学生未能内化劳动教育的核心价值，升华劳动情感，培育良好劳动品质。第三，对于劳动教育融合的效果缺乏必要的反馈评价。劳动教育反馈需要从两个方面评估，一个是学生主体层面，要评估学生的劳动习惯、劳动情感和劳动意志等，一个是教师主体层面，要着重考察劳动教育融入的课程体系的设置。劳动教育融入课程思政，不论是课程思政还是劳动教育，其效果的检验都需要在教育对象进入社会后验证，在学校内部难以形成体系化的评价反馈机制，反馈机制不健全必然会影响劳动教育与课程思政融入的深度和层次，间接影响育人合力。

3. 融合过程中过于强调劳动教育形式，忽视其内容体系的建构

劳动教育既是关于劳动的教育，也是通过劳动的教育，既有劳动的基本理论、基本观点，也有关于劳动的实践。劳动教育融入课程思政，就是既要将劳动教育的内容融入专业课程和通识课程，在扎实提升学生专业技术能力的同时提升学生的劳动热情和劳动能力，帮助学生养成良好劳动习惯，树立正确的劳动价值观，成长为德智体美劳全面发展的社会主义建设者和接班人。[①]可以说，劳动教育既是课程思政的内容之一，也是课程思政实践教学的主要依托手段。因而在劳动教育融入课程思政的过程中，很容易出现过分强调形式融入，忽视融入体系的建构。

第一，劳动教育作为一种形式能够很好地与课程思政实验、课程思政实习联结，实现很好的过渡，这种低程度的接入很容易达成。

第二，在劳动教育与课程思政完成形式上的融合后，很容易造成融合良好的表象，故人们对于深层次的内容嵌入关注不足。

第三，内容嵌入是劳动教育融入课程思政的核心部分，也是最能发挥育人效能的部分，这部分往往由于形式嵌入的良好而被无视掉，这种对融合内容体系的忽视直接影响劳动教育与课程思政融合的深度和效果。

（四）基于新农科建设的高校劳动教育融入课程思政的实践路径

新农科建设是培养既具有扎实生产技能又具有高尚道德情操和强烈社会担当的"新农人"，要能够下得去、留得住。农林专业作为实践性极强的学科，需要学生付出极多的劳动才能完成，劳动实践是农林专业的常态学习状态。在新农科建设背景下推进劳动教育与课程思政相融合，既能够提升课程思政的德育水平，又能够强化劳动教育的实践内容，是可以实现系统整合效应的良好机制。结合近年来开展新农科建设实践，我们对劳动教育融入课程思政的实践路径进行总结。

1. 强化顶层设计，做好全程谋划，打造劳动教育与课程思政融合行动方案

在高校构建大思政格局的大背景下，统筹推进劳动教育融入课程思

---

① 赵翼.基于课程思政的劳动教育：价值、问题与实现路径[J].教育观察，2021，10（23）：54-58.

政，需要从整体层面统筹各项资源，建立高效联动、可操作性强、反馈机制健全的融合行动方案。

第一，强化党委统一领导，把控全局，统筹协调各项资源。劳动教育融入课程思政的融入点在劳动价值观，落脚点在基于课程思政开展的各项实践活动。在尊重每门课程专业独立性的同时，搭建有利于劳动教育与课程思政相融合的政策环境。如鼓励并支持专业教师担任劳动教育课主讲教师并将劳动教育教学考核纳入教师年终考核评价体系之中；教师在职称评审和年终考核时可申报劳动教育与课程思政相关教学成果作为业绩材料。第二，教务部门做好融合性课程体系建设，确保形成育人合力。特别是要加强对教学目标、教学设计、教学实施和考核评价等方面的指导，确保劳动教育融入课程思政内容体系建构完整有效。如鼓励教师积极开展劳动教育教学改革实践，申报相关教学成果奖。第三，依托学生管理部门开展实践活动顶层设计，确保活动主题突出，强化价值引领主线。实践强化是确保融入有效的重要一环，也是联结劳动教育和课程思政的重要元素。如依托校团委开展乡村振兴助农主题活动，鼓励学生深入乡村一线，参与乡村振兴建设，在具体的实践中强化劳动价值和使命担当。

2. 强化队伍建设，做好人才储备，打造劳动教育与课程思政融合人才队伍

高素质的师资队伍是提升教学效果的核心要素，推进劳动教育与课程思政深度融合，必须要打造一支高水平的师资队伍，做强劳动教育与课程思政融合的人才建设。

第一，加强教师队伍培养，保障师资水平。要实现劳动教育与课程思政的深度融合，首先要保障任课教师既熟悉劳动教育的课程内容，又熟悉专业课程和通识课程的教学内容，在具备双重知识结构的基础上实现融会贯通。通过集中培训、分类培训的形式，做好马克思主义劳动观和课程思政方面的培训，抓好教师劳动意识、劳动能力建设，提高教师的劳动教育意识、劳动教育自觉性和劳动教育行动能力。如要求教师每年必须完成劳动教育相关网络课程培训，确保教师知识结构的完整。第二，鼓励教师积极参与生产劳动实践。作为实践性极强的农学专业的教

师，教师既要掌握扎实的专业理论，也要熟悉生产环节，熟悉生产技能。通过鼓励中青年教师前往企业挂职培训，鼓励教师深入生产一线开展生产劳动，在劳动实践中培养劳动意识，实现劳动自觉。第三，积极开展劳动教育融入课程思政的教学技能大赛，从融入方法、融入路径、融入效果对教师开展劳动教育与课程思政深入融合的能力进行综合评估。

3. 抓好劳动教育内容体系建设，做好劳动教育与课程思政的内容融合

劳动教育与课程思政的深度融合归根结底还是要依托课程来实现，优质的课程体系是开展教学工作的前提。要在尊重各门课程、各个专业对立性的基础上，深挖共性，寻找课程思政点，实现劳动教育与课程思政的价值链接。

第一，将劳动教育纳入人才培养方案，将课程思政纳入教师师德考核体系。第二，开展课程思政专项建设，通过课程组的形式开展课程思政专项建设，深挖课程思政元素和劳动原色，编写课程思政开放教案库，形成课程思政大数据资源。第三，完善科学评价考核体系。按照科学、多元、有效、合理的原则构建由学生评价、教师自评、教师互评、督导评价于一体的综合性评价体系，通过评价反馈及时优化方案，提升劳动教育与课程思政深度融合的育人效果。

4. 抓好学生主体能动性，构建师生良性互动机制

劳动教育所要培养的主人翁精神就是要让学生具有担当作为的责任心、无私奉献的情怀。在开展劳动教育与课程思政深度融合的过程中，要抓好学生这一主体的能动性，构建师生互动良性机制。

第一，通过第一课堂、第二课堂全覆盖的劳动教育，使学生正确认识劳动创造历史、劳动创造人、劳动创造未来的深刻内涵，正确认识劳动的价值与功能，从而培养积极的劳动情感，形成良好的劳动习惯，形成社会主义劳动价值观。第二，通过理论教育与实验教学相结合、课堂学习与生产实习相结合的形式，让学生深化对专业知识的理性认识，实现手脑有效联结，自觉养成辛勤劳动、诚实劳动、创造性劳动的良好劳动习惯。第三，开展科研攀登训练，积极开展创造性劳动。创造性劳动是在大量体力劳动和脑力劳动基础上进行的升华与优化，是学生长期辛

勤劳动、诚实劳动的结果。通过创新性劳动，让学生在劳动中进行自我教育、自我反思和自我评估，从而不断完善自我成长内驱结构，形成强韧的成长内驱力。

5. 做好家校联动，形成劳动教育闭环，打造劳动教育与课程思政融合的良好外部环境

劳动教育习惯的养成需要各教育主体有效互动，形成教育合力。劳动教育融入课程思政的最终目标是培养有担当有作为的时代新人，家庭既是学生成长的空间，也是强化融合效果的重要场域。

第一，利用寒假开展家庭劳动主体实践，让学生在亲身实践中体会家庭的运转，感恩父母的付出，近距离感受担当、责任的内涵。第二，利用父母的身教示范，引导学生积极参与家庭建设，用实际行动推动家庭的和谐稳定。第三，开展家风展示活动。让学生自己总结自己的家风核心关键词，并在其展示过程中强化家庭的价值引导与塑造，从而与学校教育形成合力。

参考文献

[1] 新农科建设推出"北京指南"[J].中国农业教育，2019,20(6):104-106.

[2] 中共中央国务院.中共中央国务院关于全面加强新时代大中小学劳动教育的意见[N].人民日报，2020-3-27（1）.

[3] 教育部关于印发《大中小学劳动教育指导纲要(试行)》的通知[EB/OL].（2020-7-7）[2022-6-16]http://www.gov.cn/zhengce/zhengceku/2020-07/15/content_5526949.htm.

[4] 习近平.坚持中国特色社会主义教育发展道路培养德智体美劳全面发展的社会主义建设者和接班人[N].人民日报，2018-09-11(1).

[5] 严冬.浅析马克思的劳动思想融入新时代劳动教育的意涵[J].人民论坛·学术前沿,2021,(23):138-140.

[6] 檀传宝.劳动教育的概念理解——如何认识劳动教育概念的基本内涵与基本特征[J].中国教育学刊，2019(2):82-84.

[7] 马克思，恩格斯.马克思恩格斯全集：第46卷：下[M].北京：人民出版社，1980：116.

[8] 刘向兵.新时代高校劳动教育的新内涵与新要求——基于习近平关于劳动的重要论述的探析[J].中国高教研究，2018(11):5.

[9] 刘进才.劳动伦理学[M].上海：华东理工大学出版社，1994.

[10] 王昕杰，乔法容.劳动伦理学[M].开封：河南大学出版社，1989.

[11] 贺汉魂，王泽应.马克思体面劳动观的伦理阐析[J].道德与文明，2012(3):23-30.

[12] 习近平.人世间的美好梦想只有通过诚实劳动才能实现[N].中国青年报，2013-4-29(1).

[13] 钟谷兰，杨开.大学生职业生涯发展与规划[M].上海：华东师范大学出版社，2010.

[14] 江泽民.全面建设小康社会，开创中国特色社会主义事业新局面//江泽民文选：第3卷[M]北京：人民出版社，2006：540.

[15] 作者教育部等七部门印发《关于加强和改进新时代师德师风建设的意见》的通知[EB/OL].（2019-12-16）[2022-6-16].http://www.gov.cn/xinwen/2019-12/16/content_5461529.htm.

后　记

　　2018 年 9 月 10 日，习近平总书记在全国教育大会上提出："培养德智体美劳全面发展的社会主义建设者和接班人"，"要在学生中弘扬劳动精神，教育引导学生崇尚劳动、尊重劳动，懂得劳动最光荣、劳动最崇高、劳动最伟大、劳动最美丽的道理，长大后能够辛勤劳动、诚实劳动、创造性劳动。"这些重要论述既是高校开展劳动教育的根本原则，也对高校劳动教育提出了新任务和新目标。2020 年 3 月 20 日，中共中央国务院发布《关于全面加强新时代大中小学劳动教育的意见》，要求"设置劳动教育课程。整体优化学校课程设置，将劳动教育纳入中小学国家课程方案和职业院校、普通高等学校人才培养方案，形成具有综合性、实践性、开放性、针对性的劳动教育课程体系"。2020 年 7 月，教育部印发《大中小学劳动教育指导纲要（试行）》，明确了不同学段劳动教育的内容、劳动教育的开设途径、劳动教育的关键点、劳动教育效果评价等内容，是高校开展劳动教育的行动指南。

　　广东海洋大学水产学院的办学历史可追溯到创建于 1935 年的广东省立高级水产职业学校设立的渔捞科、养殖科。学院现有水产养殖学、海洋渔业科学与技术、水生动物医学和生物科学 4 个本科专业；具有水产博士学位点及农业硕士（渔业发展领域）专业学位点。在 80 多年的办学过程中，学院涌现出一大批爱农民、爱农业的高素质农科人才。学院一直把"三农"教育融入专业教育中，培养了一大批深耕农业、农村的专业人才。农科专业作为实践性、节令性极强的专业，学院每年都会安排实践项目，让学生亲自下车间、进鱼塘，真实开展生产实践活动。可以说，劳动教育已经成为我院人才培养的优良基因，在一届又一届的学生中传承。

　　新时代高校如何切实加强劳动教育，发挥好劳动教育树德、增智、健体、育美的功能，这是高校必须要回答的问题。

　　作为一个具有 80 多年办学历史的农科院校，理应给出一份既凸显自

后记

身特色又符合高等教育规律的答卷。全国教育大会召开以后，学院党委迅速行动起来，认真学习全国教育大会精神，围绕"立足广东、面向南海"的办学定位，积极开展新农科教学改革与实践，在充分了解新时代大学生特点的基础上，积极探索新农科建设背景下劳动教育的实践路径，形成了劳动教育的丰富实践材料。在此背景下，笔者系统梳理了学院在人才培养、学科建设、专业建设、实践育人、志愿服务等领域的资料，在立足国情、校情的基础上，结合工作实际，构建了适应新农科建设的劳动教育体系。《基于新农科建设的高校劳动教育创新研究》就是在此基础上的理论研究、学术探索和实践总结。

本书在编写过程中，除了参考经典著作以外，还参考了相关专家学者的研究成果，深表感谢！参考文献采用脚注形式进行标明。衷心感谢西南交大出版社的大力支持与帮助，感谢出版社各位工作人员的辛勤付出！由于时间仓促，篇幅有限，一些观点有待进一步深入探讨。对于本书的局限与不足，还请各位专家、读者批评指正。

作者

2022 年 4 月